# CORÉEN
## VOCABULAIRE

**POUR L'AUTOFORMATION**

# FRANÇAIS
# COREEN

Les mots les plus utiles
Pour enrichir votre vocabulaire et aiguiser
vos compétences linguistiques

## 7000 mots

# Vocabulaire Français-Coréen pour l'autoformation. 7000 mots
## Dictionnaire thématique

Par Andrey Taranov

Les dictionnaires T&P Books ont pour but de vous aider à apprendre, à mémoriser et à réviser votre vocabulaire en langue étrangère. Ce dictionnaire thématique couvre tous les grands domaines du quotidien: l'économie, les sciences, la culture, etc ...

Acquérir du vocabulaire avec les dictionnaires thématiques T&P Books vous offre les avantages suivants:

- Les données d'origine sont regroupées de manière cohérente, ce qui vous permet une mémorisation lexicale optimale
- La présentation conjointe de mots ayant la même racine vous permet de mémoriser des groupes sémantiques entiers (plutôt que des mots isolés)
- Les sous-groupes sémantiques vous permettent d'associer les mots entre eux de manière logique, ce qui facilite votre consolidation du vocabulaire
- Votre maîtrise de la langue peut être évaluée en fonction du nombre de mots acquis

T&P Books Publishing
www.tpbooks.com

ISBN: 978-1-78616-591-6

Ce livre existe également en format électronique.
Pour plus d'informations, veuillez consulter notre site: www.tpbooks.com ou rendez-vous sur ceux des grandes librairies en ligne.

# VOCABULAIRE CORÉEN POUR L'AUTOFORMATION
## Dictionnaire thématique

Les dictionnaires T&P Books ont pour but de vous aider à apprendre, à mémoriser et à réviser votre vocabulaire en langue étrangère. Ce lexique présente, de façon thématique, plus de 7000 mots les plus fréquents de la langue.

- Ce livre comporte les mots les plus couramment utilisés
- Son usage est recommandé en complément de l'étude de toute autre méthode de langue
- Il répond à la fois aux besoins des débutants et à ceux des étudiants en langues étrangères de niveau avancé
- Il est idéal pour un usage quotidien, des séances de révision ponctuelles et des tests d'auto-évaluation
- Il vous permet de tester votre niveau de vocabulaire

### Spécificités de ce dictionnaire thématique:

- Les mots sont présentés de manière sémantique, et non alphabétique
- Ils sont répartis en trois colonnes pour faciliter la révision et l'auto-évaluation
- Les groupes sémantiques sont divisés en sous-groupes pour favoriser l'apprentissage
- Ce lexique donne une transcription simple et pratique de chaque mot en langue étrangère

### Ce dictionnaire comporte 198 thèmes, dont:

les notions fondamentales, les nombres, les couleurs, les mois et les saisons, les unités de mesure, les vêtements et les accessoires, les aliments et la nutrition, le restaurant, la famille et les liens de parenté, le caractère et la personnalité, les sentiments et les émotions, les maladies, la ville et la cité, le tourisme, le shopping, l'argent, la maison, le foyer, le bureau, la vie de bureau, l'import-export, le marketing, la recherche d'emploi, les sports, l'éducation, l'informatique, l'Internet, les outils, la nature, les différents pays du monde, les nationalités, et bien d'autres encore …

# TABLE DES MATIÈRES

# GUIDE DE PRONONCIATION

| Lettre | Exemple en coréen | Alphabet phonétique T&P | Exemple en français |
|--------|-------------------|-------------------------|---------------------|

## Consonnes

| Lettre | Exemple en coréen | Alphabet phonétique T&P | Exemple en français |
|--------|-------------------|-------------------------|---------------------|
| ㄱ [1] | 개 | [k] | bocal |
| ㄱ [2] | 아기 | [g] | gris |
| ㄲ | 껌 | [k] | [k] appuyé |
| ㄴ | 눈 | [n] | ananas |
| ㄷ [3] | 달 | [t] | tennis |
| ㄷ [4] | 사다리 | [d] | document |
| ㄸ | 딸 | [t] | [t] appuyé |
| ㄹ [5] | 라디오 | [r] | racine, rouge |
| ㄹ [6] | 십팔 | [l] | vélo |
| ㅁ | 문 | [m] | minéral |
| ㅂ [7] | 봄 | [p] | panama |
| ㅂ [8] | 아버지 | [b] | bureau |
| ㅃ | 빵 | [p] | [p] appuyé |
| ㅅ [9] | 실 | [s] | syndicat |
| ㅅ [10] | 옷 | [t] | tennis |
| ㅆ | 쌀 | [ja:] | diamant |
| ㅇ [11] | 강 | [ŋg] | anglais - single, russe - динго |
| ㅈ [12] | 집 | [tɕ] | Tchèque |
| ㅈ [13] | 아주 | [dz] | jean |
| ㅉ | 짬 | [tɕ] | [tch] appuyé |
| ㅊ | 차 | [tɕh] | [tsch] aspiré |
| ㅌ | 택시 | [th] | [t] aspiré |
| ㅋ | 칼 | [kh] | [k] aspiré |
| ㅍ | 포도 | [ph] | [p] aspiré |
| ㅎ | 한국 | [h] | [h] aspiré |

| Lettre | Exemple en coréen | Alphabet phonétique T&P | Exemple en français |
|---|---|---|---|

## Voyelles et combinaisons de voyelles

| | | | |
|---|---|---|---|
| ㅏ | 사 | [a] | classe |
| ㅑ | 향 | [ja] | caviar |
| ㅓ | 머리 | [ʌ] | carotte |
| ㅕ | 병 | [jʌ] | familial |
| ㅗ | 몸 | [o] | normal |
| ㅛ | 표 | [jɔ] | pavillon |
| ㅜ | 물 | [u] | boulevard |
| ㅠ | 슈퍼 | [ju] | voyou |
| ㅡ | 음악 | [ɪ] | capital |
| ㅣ | 길 | [i], [iː] | faillite |
| ㅐ | 뱀 | [ɛ], [ɛː] | arène |
| ㅒ | 애기 | [je] | conseiller |
| ㅔ | 펜 | [e] | équipe |
| ㅖ | 계산 | [je] | conseiller |
| ㅘ | 왕 | [wa] | réservoir |
| ㅙ | 왜 | [ʊə] | trouée |
| ㅚ | 회의 | [ø], [we] | peu, web |
| ㅝ | 권 | [uɔ] | duo |
| ㅞ | 웬 | [ʊə] | trouée |
| ㅟ | 쿼 | [wi] | kiwi |
| ㅢ | 거의 | [ɯi] | combinaison [ɪi] |

## Remarques

1 au début d'un mot
2 entre des sons voisés
3 au début d'un mot
4 entre des sons voisés
5 en début de syllabe
6 en fin de syllabe
7 au début d'un mot
8 entre des sons voisés
9 en début de syllabe
10 en fin de syllabe
11 en fin de syllabe
12 au début d'un mot
13 entre des sons voisés

# ABRÉVIATIONS
## employées dans ce livre

## Abréviations en français

| | | |
|---|---|---|
| adj | - | adjective |
| adv | - | adverbe |
| anim. | - | animé |
| conj | - | conjonction |
| dénombr. | - | dénombrable |
| etc. | - | et cetera |
| f | - | nom féminin |
| f pl | - | féminin pluriel |
| fam. | - | familiar |
| fem. | - | féminin |
| form. | - | formal |
| inanim. | - | inanimé |
| indénombr. | - | indénombrable |
| m | - | nom masculin |
| m pl | - | masculin pluriel |
| m, f | - | masculin, féminin |
| masc. | - | masculin |
| math | - | mathematics |
| mil. | - | militaire |
| pl | - | pluriel |
| prep | - | préposition |
| pron | - | pronom |
| qch | - | quelque chose |
| qn | - | quelqu'un |
| sing. | - | singulier |
| v aux | - | verbe auxiliaire |
| v imp | - | verbe impersonnel |
| vi | - | verbe intransitif |
| vi, vt | - | verbe intransitif, transitif |
| vp | - | verbe pronominal |
| vt | - | verbe transitif |

# CONCEPTS DE BASE

## Concepts de base. Partie 1

### 1. Les pronoms

| | | |
|---|---|---|
| je | 나, 저 | na |
| tu | 너 | neo |
| | | |
| il | 그, 그분 | geu, geu-bun |
| elle | 그녀 | geu-nyeo |
| ça | 그것 | geu-geot |
| | | |
| nous | 우리 | u-ri |
| vous | 너희 | neo-hui |
| vous (form., sing.) | 당신 | dang-sin |
| ils, elles | 그들 | geu-deul |

### 2. Adresser des vœux. Se dire bonjour. Se dire au revoir

| | | |
|---|---|---|
| Bonjour! (fam.) | 안녕! | an-nyeong! |
| Bonjour! (form.) | 안녕하세요! | an-nyeong-ha-se-yo! |
| Bonjour! (le matin) | 안녕하세요! | an-nyeong-ha-se-yo! |
| Bonjour! (après-midi) | 안녕하세요! | an-nyeong-ha-se-yo! |
| Bonsoir! | 안녕하세요! | an-nyeong-ha-se-yo! |
| | | |
| dire bonjour | 인사하다 | in-sa-ha-da |
| Salut! | 안녕! | an-nyeong! |
| salut (m) | 인사 | in-sa |
| saluer (vt) | 인사하다 | in-sa-ha-da |
| Comment ça va? | 잘 지내세요? | jal ji-nae-se-yo? |
| Quoi de neuf? | 어떻게 지내? | eo-tteo-ke ji-nae? |
| | | |
| Au revoir! | 안녕히 가세요! | an-nyeong-hi ga-se-yo! |
| À bientôt! | 또 만나요! | tto man-na-yo! |
| Adieu! (fam.) | 잘 있어! | jal ri-seo! |
| Adieu! (form.) | 안녕히 계세요! | an-nyeong-hi gye-se-yo! |
| dire au revoir | 작별인사를 하다 | jak-byeo-rin-sa-reul ha-da |
| Salut! (À bientôt!) | 안녕! | an-nyeong! |
| | | |
| Merci! | 감사합니다! | gam-sa-ham-ni-da! |
| Merci beaucoup! | 대단히 감사합니다! | dae-dan-hi gam-sa-ham-ni-da! |
| | | |
| Je vous en prie | 천만이에요 | cheon-man-i-e-yo |
| Il n'y a pas de quoi | 천만의 말씀입니다 | cheon-man-ui mal-sseum-im-ni-da |
| | | |
| Pas de quoi | 천만에 | cheon-man-e |

| Excuse-moi! | 실례! | sil-lye! |
| Excusez-moi! | 실례합니다! | sil-lye-ham-ni-da! |
| excuser (vt) | 용서하다 | yong-seo-ha-da |
| | | |
| s'excuser (vp) | 사과하다 | sa-gwa-ha-da |
| Mes excuses | 사과드립니다 | sa-gwa-deu-rim-ni-da |
| Pardonnez-moi! | 죄송합니다! | joe-song-ham-ni-da! |
| pardonner (vt) | 용서하다 | yong-seo-ha-da |
| s'il vous plaît | 부탁합니다 | bu-tak-am-ni-da |
| | | |
| N'oubliez pas! | 잊지 마십시오! | it-ji ma-sip-si-o! |
| Bien sûr! | 물론이에요! | mul-lon-i-e-yo! |
| Bien sûr que non! | 물론 아니에요! | mul-lon a-ni-e-yo! |
| D'accord! | 그래요! | geu-rae-yo! |
| Ça suffit! | 그만! | geu-man! |

## 3. Les nombres cardinaux. Partie 1

| zéro | 영 | yeong |
| un | 일 | il |
| deux | 이 | i |
| trois | 삼 | sam |
| quatre | 사 | sa |
| | | |
| cinq | 오 | o |
| six | 육 | yuk |
| sept | 칠 | chil |
| huit | 팔 | pal |
| neuf | 구 | gu |
| | | |
| dix | 십 | sip |
| onze | 십일 | si-bil |
| douze | 십이 | si-bi |
| treize | 십삼 | sip-sam |
| quatorze | 십사 | sip-sa |
| | | |
| quinze | 십오 | si-bo |
| seize | 십육 | si-byuk |
| dix-sept | 십칠 | sip-chil |
| dix-huit | 십팔 | sip-pal |
| dix-neuf | 십구 | sip-gu |
| | | |
| vingt | 이십 | i-sip |
| vingt et un | 이십일 | i-si-bil |
| vingt-deux | 이십이 | i-si-bi |
| vingt-trois | 이십삼 | i-sip-sam |
| | | |
| trente | 삼십 | sam-sip |
| trente et un | 삼십일 | sam-si-bil |
| trente-deux | 삼십이 | sam-si-bi |
| trente-trois | 삼십삼 | sam-sip-sam |
| | | |
| quarante | 사십 | sa-sip |
| quarante et un | 사십일 | sa-si-bil |

| quarante-deux | 사십이 | sa-si-bi |
| quarante-trois | 사십삼 | sa-sip-sam |
| | | |
| cinquante | 오십 | o-sip |
| cinquante et un | 오십일 | o-si-bil |
| cinquante-deux | 오십이 | o-si-bi |
| cinquante-trois | 오십삼 | o-sip-sam |
| | | |
| soixante | 육십 | yuk-sip |
| soixante et un | 육십일 | yuk-si-bil |
| soixante-deux | 육십이 | yuk-si-bi |
| soixante-trois | 육십삼 | yuk-sip-sam |
| | | |
| soixante-dix | 칠십 | chil-sip |
| soixante et onze | 칠십일 | chil-si-bil |
| soixante-douze | 칠십이 | chil-si-bi |
| soixante-treize | 칠십삼 | chil-sip-sam |
| | | |
| quatre-vingts | 팔십 | pal-sip |
| quatre-vingt et un | 팔십일 | pal-si-bil |
| quatre-vingt deux | 팔십이 | pal-si-bi |
| quatre-vingt trois | 팔십삼 | pal-sip-sam |
| | | |
| quatre-vingt-dix | 구십 | gu-sip |
| quatre-vingt et onze | 구십일 | gu-si-bil |
| quatre-vingt-douze | 구십이 | gu-si-bi |
| quatre-vingt-treize | 구십삼 | gu-sip-sam |

## 4. Les nombres cardinaux. Partie 2

| cent | 백 | baek |
| deux cents | 이백 | i-baek |
| trois cents | 삼백 | sam-baek |
| quatre cents | 사백 | sa-baek |
| cinq cents | 오백 | o-baek |
| six cents | 육백 | yuk-baek |
| sept cents | 칠백 | chil-baek |
| huit cents | 팔백 | pal-baek |
| neuf cents | 구백 | gu-baek |
| | | |
| mille | 천 | cheon |
| deux mille | 이천 | i-cheon |
| trois mille | 삼천 | sam-cheon |
| dix mille | 만 | man |
| cent mille | 십만 | sim-man |
| million (m) | 백만 | baeng-man |
| milliard (m) | 십억 | si-beok |

## 5. Les nombres. Fractions

| fraction (f) | 분수 | bun-su |
| un demi | 이분의 일 | i-bun-ui il |

| un tiers | 삼분의 일 | sam-bun-ui il |
| un quart | 사분의 일 | sa-bun-ui il |

| un huitième | 팔분의 일 | pal-bun-ui il |
| un dixième | 십분의 일 | sip-bun-ui il |
| deux tiers | 삼분의 이 | sam-bun-ui i |
| trois quarts | 사분의 삼 | sa-bun-ui sam |

## 6. Les nombres. Opérations mathématiques

| soustraction (f) | 빼기 | ppae-gi |
| soustraire (vt) | 빼다 | ppae-da |
| division (f) | 나누기 | na-nu-gi |
| diviser (vt) | 나누다 | na-nu-da |

| addition (f) | 더하기 | deo-ha-gi |
| additionner (vt) | 합하다 | ha-pa-da |
| ajouter (vt) | 더하다 | deo-ha-da |
| multiplication (f) | 곱하기 | go-pa-gi |
| multiplier (vt) | 곱하다 | go-pa-da |

## 7. Les nombres. Divers

| chiffre (m) | 숫자 | sut-ja |
| nombre (m) | 숫자 | sut-ja |
| adjectif (m) numéral | 수사 | su-sa |
| moins (m) | 마이너스 | ma-i-neo-seu |
| plus (m) | 플러스 | peul-leo-seu |
| formule (f) | 공식 | gong-sik |

| calcul (m) | 계산 | gye-san |
| compter (vt) | 세다 | se-da |
| calculer (vt) | 헤아리다 | he-a-ri-da |
| comparer (vt) | 비교하다 | bi-gyo-ha-da |

| Combien? (indénombr.) | 얼마? | eol-ma? |
| Combien? (dénombr.) | 얼마나? | eo-di-ro? |
| somme (f) | 총합 | chong-hap |
| résultat (m) | 결과 | gyeol-gwa |
| reste (m) | 나머지 | na-meo-ji |

| quelques ... | 몇 | myeot |
| peu de ... | 조금 | jo-geum |
| reste (m) | 나머지 | na-meo-ji |

| un et demi | 일과 이분의 일 | il-gwa i-bun-ui il |
| douzaine (f) | 다스 | da-seu |

| en deux (adv) | 반으로 | ba-neu-ro |
| en parties égales | 균등하게 | gyun-deung-ha-ge |
| moitié (f) | 절반 | jeol-ban |
| fois (f) | 번 | beon |

## 8. Les verbes les plus importants. Partie 1

| | | |
|---|---|---|
| aider (vt) | 도와주다 | do-wa-ju-da |
| aimer (qn) | 사랑하다 | sa-rang-ha-da |
| aller (à pied) | 가다 | ga-da |
| apercevoir (vt) | 알아차리다 | a-ra-cha-ri-da |
| appartenir à ... | ... 에 속하다 | ... e sok-a-da |
| | | |
| appeler (au secours) | 부르다, 요청하다 | bu-reu-da, yo-cheong-ha-da |
| attendre (vt) | 기다리다 | gi-da-ri-da |
| attraper (vt) | 잡다 | jap-da |
| avertir (vt) | 경고하다 | gyeong-go-ha-da |
| | | |
| avoir (vt) | 가지다 | ga-ji-da |
| avoir confiance | 신뢰하다 | sil-loe-ha-da |
| avoir faim | 배가 고프다 | bae-ga go-peu-da |
| | | |
| avoir peur | 무서워하다 | mu-seo-wo-ha-da |
| avoir soif | 목마르다 | mong-ma-reu-da |
| cacher (vt) | 숨기다 | sum-gi-da |
| casser (briser) | 깨뜨리다 | kkae-tteu-ri-da |
| cesser (vt) | 그만두다 | geu-man-du-da |
| | | |
| changer (vt) | 바꾸다 | ba-kku-da |
| chasser (animaux) | 사냥하다 | sa-nyang-ha-da |
| chercher (vt) | ... 를 찾다 | ... reul chat-da |
| choisir (vt) | 선택하다 | seon-taek-a-da |
| commander (~ le menu) | 주문하다 | ju-mun-ha-da |
| | | |
| commencer (vt) | 시작하다 | si-jak-a-da |
| comparer (vt) | 비교하다 | bi-gyo-ha-da |
| comprendre (vt) | 이해하다 | i-hae-ha-da |
| compter (dénombrer) | 세다 | se-da |
| compter sur ... | ... 에 의지하다 | ... e ui-ji-ha-da |
| | | |
| confondre (vt) | 혼동하다 | hon-dong-ha-da |
| connaître (qn) | 알다 | al-da |
| conseiller (vt) | 조언하다 | jo-eon-ha-da |
| continuer (vt) | 계속하다 | gye-sok-a-da |
| contrôler (vt) | 제어하다 | je-eo-ha-da |
| | | |
| courir (vi) | 달리다 | dal-li-da |
| coûter (vt) | 값이 ... 이다 | gap-si ... i-da |
| créer (vt) | 창조하다 | chang-jo-ha-da |
| creuser (vt) | 파다 | pa-da |
| crier (vi) | 소리치다 | so-ri-chi-da |

## 9. Les verbes les plus importants. Partie 2

| | | |
|---|---|---|
| décorer (~ la maison) | 장식하다 | jang-sik-a-da |
| défendre (vt) | 방어하다 | bang-eo-ha-da |
| déjeuner (vi) | 점심을 먹다 | jeom-si-meul meok-da |
| demander (~ l'heure) | 묻다 | mut-da |

| | | |
|---|---|---|
| demander (de faire qch) | 부탁하다 | bu-tak-a-da |
| descendre (vi) | 내려오다 | nae-ryeo-o-da |
| deviner (vt) | 추측하다 | chu-cheuk-a-da |
| dîner (vi) | 저녁을 먹다 | jeo-nyeo-geul meok-da |
| dire (vt) | 말하다 | mal-ha-da |
| diriger (~ une usine) | 운영하다 | u-nyeong-ha-da |
| discuter (vt) | 의논하다 | ui-non-ha-da |
| | | |
| donner (vt) | 주다 | ju-da |
| donner un indice | 힌트를 주다 | hin-teu-reul ju-da |
| douter (vt) | 의심하다 | ui-sim-ha-da |
| écrire (vt) | 쓰다 | sseu-da |
| entendre (bruit, etc.) | 듣다 | deut-da |
| | | |
| entrer (vi) | 들어가다 | deu-reo-ga-da |
| envoyer (vt) | 보내다 | bo-nae-da |
| espérer (vi) | 희망하다 | hui-mang-ha-da |
| essayer (vt) | 해보다 | hae-bo-da |
| | | |
| être d'accord | 동의하다 | dong-ui-ha-da |
| être nécessaire | 필요하다 | pi-ryo-ha-da |
| être pressé | 서두르다 | seo-du-reu-da |
| | | |
| étudier (vt) | 공부하다 | gong-bu-ha-da |
| exiger (vt) | 요구하다 | yo-gu-ha-da |
| exister (vi) | 존재하다 | jon-jae-ha-da |
| expliquer (vt) | 설명하다 | seol-myeong-ha-da |
| | | |
| faire (vt) | 하다 | ha-da |
| faire tomber | 떨어뜨리다 | tteo-reo-tteu-ri-da |
| finir (vt) | 끝내다 | kkeun-nae-da |
| garder (conserver) | 보관하다 | bo-gwan-ha-da |
| gronder, réprimander (vt) | 꾸짖다 | kku-jit-da |
| | | |
| informer (vt) | 알리다 | al-li-da |
| insister (vi) | 주장하다 | ju-jang-ha-da |
| insulter (vt) | 모욕하다 | mo-yok-a-da |
| inviter (vt) | 초대하다 | cho-dae-ha-da |
| jouer (s'amuser) | 놀다 | nol-da |

## 10. Les verbes les plus importants. Partie 3

| | | |
|---|---|---|
| libérer (ville, etc.) | 해방하다 | hae-bang-ha-da |
| lire (vi, vt) | 읽다 | ik-da |
| louer (prendre en location) | 임대하다 | im-dae-ha-da |
| manquer (l'école) | 결석하다 | gyeol-seok-a-da |
| menacer (vt) | 협박하다 | hyeop-bak-a-da |
| | | |
| mentionner (vt) | 언급하다 | eon-geu-pa-da |
| montrer (vt) | 보여주다 | bo-yeo-ju-da |
| nager (vi) | 수영하다 | su-yeong-ha-da |
| objecter (vt) | 반대하다 | ban-dae-ha-da |
| observer (vt) | 지켜보다 | ji-kyeo-bo-da |
| ordonner (mil.) | 명령하다 | myeong-nyeong-ha-da |

| | | |
|---|---|---|
| oublier (vt) | 잊다 | it-da |
| ouvrir (vt) | 열다 | yeol-da |
| pardonner (vt) | 용서하다 | yong-seo-ha-da |
| parler (vi, vt) | 말하다 | mal-ha-da |
| | | |
| participer à … | 참가하다 | cham-ga-ha-da |
| payer (régler) | 지불하다 | ji-bul-ha-da |
| penser (vi, vt) | 생각하다 | saeng-gak-a-da |
| permettre (vt) | 허가하다 | heo-ga-ha-da |
| plaire (être apprécié) | 좋아하다 | jo-a-ha-da |
| | | |
| plaisanter (vi) | 농담하다 | nong-dam-ha-da |
| planifier (vt) | 계획하다 | gye-hoek-a-da |
| pleurer (vi) | 울다 | ul-da |
| posséder (vt) | 소유하다 | so-yu-ha-da |
| pouvoir (v aux) | 할 수 있다 | hal su it-da |
| préférer (vt) | 선호하다 | seon-ho-ha-da |
| | | |
| prendre (vt) | 잡다 | jap-da |
| prendre en note | 적다 | jeok-da |
| prendre le petit déjeuner | 아침을 먹다 | a-chi-meul meok-da |
| préparer (le dîner) | 요리하다 | yo-ri-ha-da |
| prévoir (vt) | 예상하다 | ye-sang-ha-da |
| | | |
| prier (~ Dieu) | 기도하다 | gi-do-ha-da |
| promettre (vt) | 약속하다 | yak-sok-a-da |
| prononcer (vt) | 발음하다 | ba-reum-ha-da |
| proposer (vt) | 제안하다 | je-an-ha-da |
| punir (vt) | 처벌하다 | cheo-beol-ha-da |

## 11. Les verbes les plus importants. Partie 4

| | | |
|---|---|---|
| recommander (vt) | 추천하다 | chu-cheon-ha-da |
| regretter (vt) | 후회하다 | hu-hoe-ha-da |
| répéter (dire encore) | 반복하다 | ban-bok-a-da |
| répondre (vi, vt) | 대답하다 | dae-da-pa-da |
| réserver (une chambre) | 예약하다 | ye-yak-a-da |
| | | |
| rester silencieux | 침묵을 지키다 | chim-mu-geul ji-ki-da |
| réunir (regrouper) | 연합하다 | yeon-ha-pa-da |
| rire (vi) | 웃다 | ut-da |
| s'arrêter (vp) | 정지하다 | jeong-ji-ha-da |
| s'asseoir (vp) | 앉다 | an-da |
| | | |
| sauver (la vie à qn) | 구조하다 | gu-jo-ha-da |
| savoir (qch) | 알다 | al-da |
| se baigner (vp) | 수영하다 | su-yeong-ha-da |
| se plaindre (vp) | 불평하다 | bul-pyeong-ha-da |
| se refuser (vp) | 거절하다 | geo-jeol-ha-da |
| | | |
| se tromper (vp) | 실수하다 | sil-su-ha-da |
| se vanter (vp) | 자랑하다 | ja-rang-ha-da |
| s'étonner (vp) | 놀라다 | nol-la-da |
| s'excuser (vp) | 사과하다 | sa-gwa-ha-da |

| | | |
|---|---|---|
| signer (vt) | 서명하다 | seo-myeong-ha-da |
| signifier (vt) | 의미하다 | ui-mi-ha-da |
| s'intéresser (vp) | ··· 에 관심을 가지다 | ... e gwan-si-meul ga-ji-da |
| sortir (aller dehors) | 나가다 | na-ga-da |
| sourire (vi) | 미소를 짓다 | mi-so-reul jit-da |
| sous-estimer (vt) | 과소평가하다 | gwa-so-pyeong-ga-ha-da |
| | | |
| suivre ... (suivez-moi) | ··· 를 따라가다 | ... reul tta-ra-ga-da |
| tirer (vi) | 쏘다 | sso-da |
| tomber (vi) | 떨어지다 | tteo-reo-ji-da |
| toucher (avec les mains) | 닿다 | da-ta |
| tourner (~ à gauche) | 돌다 | dol-da |
| | | |
| traduire (vt) | 번역하다 | beo-nyeok-a-da |
| travailler (vi) | 일하다 | il-ha-da |
| tromper (vt) | 속이다 | so-gi-da |
| trouver (vt) | 찾다 | chat-da |
| tuer (vt) | 죽이다 | ju-gi-da |
| vendre (vt) | 팔다 | pal-da |
| | | |
| venir (vi) | 도착하다 | do-chak-a-da |
| voir (vt) | 보다 | bo-da |
| voler (avion, oiseau) | 날다 | nal-da |
| voler (qch à qn) | 훔치다 | hum-chi-da |
| vouloir (vt) | 원하다 | won-ha-da |

## 12. Les couleurs

| | | |
|---|---|---|
| couleur (f) | 색 | sae |
| teinte (f) | 색조 | saek-jo |
| ton (m) | 색상 | saek-sang |
| arc-en-ciel (m) | 무지개 | mu-ji-gae |
| | | |
| blanc (adj) | 흰 | huin |
| noir (adj) | 검은 | geo-meun |
| gris (adj) | 회색의 | hoe-sae-gui |
| | | |
| vert (adj) | 초록색의 | cho-rok-sae-gui |
| jaune (adj) | 노란 | no-ran |
| rouge (adj) | 빨간 | ppal-gan |
| | | |
| bleu (adj) | 파란 | pa-ran |
| bleu clair (adj) | 하늘색의 | ha-neul-sae-gui |
| rose (adj) | 분홍색의 | bun-hong-sae-gui |
| orange (adj) | 주황색의 | ju-hwang-sae-gui |
| violet (adj) | 보라색의 | bo-ra-sae-gui |
| brun (adj) | 갈색의 | gal-sae-gui |
| | | |
| d'or (adj) | 금색의 | geum-sae-gui |
| argenté (adj) | 은색의 | eun-sae-gui |
| | | |
| beige (adj) | 베이지색의 | be-i-ji-sae-gui |
| crème (adj) | 크림색의 | keu-rim-sae-gui |
| turquoise (adj) | 청록색의 | cheong-nok-sae-gui |

| rouge cerise (adj) | 암적색의 | am-jeok-sae-gui |
| lilas (adj) | 연보라색의 | yeon-bo-ra-sae-gui |
| framboise (adj) | 진홍색의 | jin-hong-sae-gui |
| clair (adj) | 밝은 | bal-geun |
| foncé (adj) | 짙은 | ji-teun |
| vif (adj) | 선명한 | seon-myeong-han |
| de couleur (adj) | 색의 | sae-gui |
| en couleurs (adj) | 컬러의 | keol-leo-ui |
| noir et blanc (adj) | 흑백의 | heuk-bae-gui |
| unicolore (adj) | 단색의 | dan-sae-gui |
| multicolore (adj) | 다색의 | da-sae-gui |

## 13. Les questions

| Qui? | 누구? | nu-gu? |
| Quoi? | 무엇? | mu-eot? |
| Où? (~ es-tu?) | 어디? | eo-di? |
| Où? (~ vas-tu?) | 어디로? | eo-di-ro? |
| D'où? | 어디로부터? | eo-di-ro-bu-teo? |
| Quand? | 언제? | eon-je? |
| Pourquoi? (~ es-tu venu?) | 왜? | wae? |
| Pourquoi? (~ t'es pâle?) | 왜? | wae? |
| À quoi bon? | 무엇을 위해서? | mu-eos-eul rwi-hae-seo? |
| Comment? | 어떻게? | eo-tteo-ke? |
| Quel? (à ~ prix?) | 어떤? | eo-tteon? |
| Lequel? | 어느? | eo-neu? |
| À qui? (pour qui?) | 누구에게? | nu-gu-e-ge? |
| De qui? | 누구에 대하여? | nu-gu-e dae-ha-yeo? |
| De quoi? | 무엇에 대하여? | mu-eos-e dae-ha-yeo? |
| Avec qui? | 누구하고? | nu-gu-ha-go? |
| Combien? | 얼마? | eol-ma? |
| À qui? (~ est ce livre?) | 누구의? | nu-gu-ui? |

## 14. Les mots-outils. Les adverbes. Partie 1

| Où? (~ es-tu?) | 어디? | eo-di? |
| ici (c'est ~) | 여기 | yeo-gi |
| là-bas (c'est ~) | 거기 | geo-gi |
| quelque part (être) | 어딘가 | eo-din-ga |
| nulle part (adv) | 어디도 | eo-di-do |
| près de ... | 옆에 | yeo-pe |
| près de la fenêtre | 창문 옆에 | chang-mun nyeo-pe |
| Où? (~ vas-tu?) | 어디로? | eo-di-ro? |
| ici (Venez ~) | 여기로 | yeo-gi-ro |

| | | |
|---|---|---|
| là-bas (j'irai ~) | 거기로 | geo-gi-ro |
| d'ici (adv) | 여기서 | yeo-gi-seo |
| de là-bas (adv) | 거기서 | geo-gi-seo |
| | | |
| près (pas loin) | 가까이 | ga-kka-i |
| loin (adv) | 멀리 | meol-li |
| | | |
| près de (~ Paris) | 근처에 | geun-cheo-e |
| tout près (adv) | 인근에 | in-geu-ne |
| pas loin (adv) | 멀지 않게 | meol-ji an-ke |
| | | |
| gauche (adj) | 왼쪽의 | oen-jjo-gui |
| à gauche (être ~) | 왼쪽에 | oen-jjo-ge |
| à gauche (tournez ~) | 왼쪽으로 | oen-jjo-geu-ro |
| | | |
| droit (adj) | 오른쪽의 | o-reun-jjo-gui |
| à droite (être ~) | 오른쪽에 | o-reun-jjo-ge |
| à droite (tournez ~) | 오른쪽으로 | o-reun-jjo-geu-ro |
| | | |
| devant (adv) | 앞쪽에 | ap-jjo-ge |
| de devant (adj) | 앞의 | a-pui |
| en avant (adv) | 앞으로 | a-peu-ro |
| | | |
| derrière (adv) | 뒤에 | dwi-e |
| par derrière (adv) | 뒤에서 | dwi-e-seo |
| en arrière (regarder ~) | 뒤로 | dwi-ro |
| | | |
| milieu (m) | 가운데 | ga-un-de |
| au milieu (adv) | 가운데에 | ga-un-de-e |
| | | |
| de côté (vue ~) | 옆에 | yeo-pe |
| partout (adv) | 모든 곳에 | mo-deun gos-e |
| autour (adv) | 주위에 | ju-wi-e |
| | | |
| de l'intérieur | 내면에서 | nae-myeon-e-seo |
| quelque part (aller) | 어딘가에 | eo-din-ga-e |
| tout droit (adv) | 똑바로 | ttok-ba-ro |
| en arrière (revenir ~) | 뒤로 | dwi-ro |
| | | |
| de quelque part (n'import d'où) | 어디에서든지 | eo-di-e-seo-deun-ji |
| de quelque part (on ne sait pas d'où) | 어디로부터인지 | eo-di-ro-bu-teo-in-ji |
| | | |
| premièrement (adv) | 첫째로 | cheot-jjae-ro |
| deuxièmement (adv) | 둘째로 | dul-jjae-ro |
| troisièmement (adv) | 셋째로 | set-jjae-ro |
| | | |
| soudain (adv) | 갑자기 | gap-ja-gi |
| au début (adv) | 처음에 | cheo-eum-e |
| pour la première fois | 처음으로 | cheo-eu-meu-ro |
| bien avant ... | ··· 오래 전에 | ... o-rae jeon-e |
| de nouveau (adv) | 다시 | da-si |
| pour toujours (adv) | 영원히 | yeong-won-hi |
| jamais (adv) | 절대로 | jeol-dae-ro |
| de nouveau, encore (adv) | 다시 | da-si |

| | | |
|---|---|---|
| maintenant (adv) | 이제 | i-je |
| souvent (adv) | 자주 | ja-ju |
| alors (adv) | 그때 | geu-ttae |
| d'urgence (adv) | 급히 | geu-pi |
| d'habitude (adv) | 보통으로 | bo-tong-eu-ro |
| à propos, ... | 그건 그렇고, ... | geu-geon geu-reo-ko, ... |
| c'est possible | 가능한 | ga-neung-han |
| probablement (adv) | 아마 | a-ma |
| peut-être (adv) | 어쩌면 | eo-jjeo-myeon |
| en plus, ... | 게다가 ... | ge-da-ga ... |
| c'est pourquoi ... | 그래서 ... | geu-rae-seo ... |
| malgré ... | ... 에도 불구하고 | ... e-do bul-gu-ha-go |
| grâce à ... | ... 덕분에 | ... deok-bun-e |
| quelque chose (Il m'est arrivé ~) | 무엇인가 | mu-eon-nin-ga |
| quelque chose (peut-on faire ~) | 무엇이든지 | mu-eon-ni-deun-ji |
| rien (m) | 아무것도 | a-mu-geot-do |
| quelqu'un (on ne sait pas qui) | 누구 | nu-gu |
| quelqu'un (n'importe qui) | 누군가 | nu-gun-ga |
| personne (pron) | 아무도 | a-mu-do |
| nulle part (aller ~) | 아무데도 | a-mu-de-do |
| de personne | 누구의 것도 아닌 | nu-gu-ui geot-do a-nin |
| de n'importe qui | 누군가의 | nu-gun-ga-ui |
| comme ça (adv) | 그래서 | geu-rae-seo |
| également (adv) | 역시 | yeok-si |
| aussi (adv) | 또한 | tto-han |

## 15. Les mots-outils. Les adverbes. Partie 2

| | | |
|---|---|---|
| Pourquoi? | 왜? | wae? |
| pour une certaine raison | 어떤 이유로 | eo-tteon ni-yu-ro |
| parce que ... | 왜냐하면 ... | wae-nya-ha-myeon ... |
| pour une raison quelconque | 어떤 목적으로 | eo-tteon mok-jeo-geu-ro |
| et (conj) | 그리고 | geu-ri-go |
| ou (conj) | 또는 | tto-neun |
| mais (conj) | 그러나 | geu-reo-na |
| pour ... (prep) | 위해서 | wi-hae-seo |
| trop (adv) | 너무 | neo-mu |
| seulement (adv) | ... 만 | ... man |
| précisément (adv) | 정확하게 | jeong-hwak-a-ge |
| près de ... (prep) | 약 | yak |
| approximativement | 대략 | dae-ryak |
| approximatif (adj) | 대략적인 | dae-ryak-jeo-gin |
| presque (adv) | 거의 | geo-ui |
| reste (m) | 나머지 | na-meo-ji |

| | | |
|---|---|---|
| chaque (adj) | 각각의 | gak-ga-gui |
| n'importe quel (adj) | 아무 | a-mu |
| beaucoup (adv) | 많이 | ma-ni |
| plusieurs (pron) | 많은 사람들 | ma-neun sa-ram-deul |
| tous | 모두 | mo-du |
| | | |
| en échange de ... | ··· 의 교환으로 | ... ui gyo-hwa-neu-ro |
| en échange (adv) | 교환으로 | gyo-hwa-neu-ro |
| à la main (adv) | 수공으로 | su-gong-eu-ro |
| peu probable (adj) | 거의 | geo-ui |
| | | |
| probablement (adv) | 아마 | a-ma |
| exprès (adv) | 일부러 | il-bu-reo |
| par accident (adv) | 우연히 | u-yeon-hi |
| | | |
| très (adv) | 아주 | a-ju |
| par exemple (adv) | 예를 들면 | ye-reul deul-myeon |
| entre (prep) | 사이에 | sa-i-e |
| parmi (prep) | 중에 | jung-e |
| autant (adv) | 이만큼 | i-man-keum |
| surtout (adv) | 특히 | teuk-i |

# Concepts de base. Partie 2

## 16. Les jours de la semaine

| | | |
|---|---|---|
| lundi (m) | 월요일 | wo-ryo-il |
| mardi (m) | 화요일 | hwa-yo-il |
| mercredi (m) | 수요일 | su-yo-il |
| jeudi (m) | 목요일 | mo-gyo-il |
| vendredi (m) | 금요일 | geu-myo-il |
| samedi (m) | 토요일 | to-yo-il |
| dimanche (m) | 일요일 | i-ryo-il |
| | | |
| aujourd'hui (adv) | 오늘 | o-neul |
| demain (adv) | 내일 | nae-il |
| après-demain (adv) | 모레 | mo-re |
| hier (adv) | 어제 | eo-je |
| avant-hier (adv) | 그저께 | geu-jeo-kke |
| | | |
| jour (m) | 낮 | nat |
| jour (m) ouvrable | 근무일 | geun-mu-il |
| jour (m) férié | 공휴일 | gong-hyu-il |
| jour (m) de repos | 휴일 | hyu-il |
| week-end (m) | 주말 | ju-mal |
| | | |
| toute la journée | 하루종일 | ha-ru-jong-il |
| le lendemain | 다음날 | da-eum-nal |
| il y a 2 jours | 이틀 전 | i-teul jeon |
| la veille | 전날 | jeon-nal |
| quotidien (adj) | 일간의 | il-ga-nui |
| tous les jours | 매일 | mae-il |
| | | |
| semaine (f) | 주 | ju |
| la semaine dernière | 지난 주에 | ji-nan ju-e |
| la semaine prochaine | 다음 주에 | da-eum ju-e |
| hebdomadaire (adj) | 주간의 | ju-ga-nui |
| chaque semaine | 매주 | mae-ju |
| 2 fois par semaine | 일주일에 두번 | il-ju-i-re du-beon |
| tous les mardis | 매주 화요일 | mae-ju hwa-yo-il |

## 17. Les heures. Le jour et la nuit

| | | |
|---|---|---|
| matin (m) | 아침 | a-chim |
| le matin | 아침에 | a-chim-e |
| midi (m) | 정오 | jeong-o |
| dans l'après-midi | 오후에 | o-hu-e |
| | | |
| soir (m) | 저녁 | jeo-nyeok |
| le soir | 저녁에 | jeo-nyeo-ge |

| | | |
|---|---|---|
| nuit (f) | 밤 | bam |
| la nuit | 밤에 | bam-e |
| minuit (f) | 자정 | ja-jeong |
| | | |
| seconde (f) | 초 | cho |
| minute (f) | 분 | bun |
| heure (f) | 시 | si |
| demi-heure (f) | 반시간 | ban-si-gan |
| un quart d'heure | 십오분 | si-bo-bun |
| quinze minutes | 십오분 | si-bo-bun |
| vingt-quatre heures | 이십사시간 | i-sip-sa-si-gan |
| | | |
| lever (m) du soleil | 일출 | il-chul |
| aube (f) | 새벽 | sae-byeok |
| point (m) du jour | 이른 아침 | i-reun a-chim |
| coucher (m) du soleil | 저녁 노을 | jeo-nyeok no-eul |
| | | |
| tôt le matin | 이른 아침에 | i-reun a-chim-e |
| ce matin | 오늘 아침에 | o-neul ra-chim-e |
| demain matin | 내일 아침에 | nae-il ra-chim-e |
| cet après-midi | 오늘 오후에 | o-neul ro-hu-e |
| dans l'après-midi | 오후에 | o-hu-e |
| demain après-midi | 내일 오후에 | nae-il ro-hu-e |
| ce soir | 오늘 저녁에 | o-neul jeo-nyeo-ge |
| demain soir | 내일 밤에 | nae-il bam-e |
| | | |
| à 3 heures précises | 3시 정각에 | se-si jeong-ga-ge |
| autour de 4 heures | 4시쯤에 | ne-si-jjeu-me |
| vers midi | 12시까지 | yeoldu si-kka-ji |
| | | |
| dans 20 minutes | 20분 안에 | isib-bun na-ne |
| dans une heure | 한 시간 안에 | han si-gan na-ne |
| à temps | 제시간에 | je-si-gan-e |
| | | |
| ... moins le quart | ... 십오 분 | ... si-bo bun |
| en une heure | 한 시간 내에 | han si-gan nae-e |
| tous les quarts d'heure | 15분 마다 | sibo-bun ma-da |
| 24 heures sur 24 | 하루종일 | ha-ru-jong-il |

## 18. Les mois. Les saisons

| | | |
|---|---|---|
| janvier (m) | 일월 | i-rwol |
| février (m) | 이월 | i-wol |
| mars (m) | 삼월 | sam-wol |
| avril (m) | 사월 | sa-wol |
| mai (m) | 오월 | o-wol |
| juin (m) | 유월 | yu-wol |
| | | |
| juillet (m) | 칠월 | chi-rwol |
| août (m) | 팔월 | pa-rwol |
| septembre (m) | 구월 | gu-wol |
| octobre (m) | 시월 | si-wol |
| novembre (m) | 십일월 | si-bi-rwol |
| décembre (m) | 십이월 | si-bi-wol |

| printemps (m) | 봄 | bom |
| au printemps | 봄에 | bom-e |
| de printemps (adj) | 봄의 | bom-ui |

| été (m) | 여름 | yeo-reum |
| en été | 여름에 | yeo-reum-e |
| d'été (adj) | 여름의 | yeo-reu-mui |

| automne (m) | 가을 | ga-eul |
| en automne | 가을에 | ga-eu-re |
| d'automne (adj) | 가을의 | ga-eu-rui |

| hiver (m) | 겨울 | gyeo-ul |
| en hiver | 겨울에 | gyeo-u-re |
| d'hiver (adj) | 겨울의 | gyeo-ul |

| mois (m) | 월, 달 | wol, dal |
| ce mois | 이번 달에 | i-beon da-re |
| le mois prochain | 다음 달에 | da-eum da-re |
| le mois dernier | 지난 달에 | ji-nan da-re |

| il y a un mois | 한달 전에 | han-dal jeon-e |
| dans un mois | 한 달 안에 | han dal ra-ne |
| dans 2 mois | 두 달 안에 | du dal ra-ne |
| tout le mois | 한 달 내내 | han dal lae-nae |
| tout un mois | 한달간 내내 | han-dal-gan nae-nae |

| mensuel (adj) | 월간의 | wol-ga-nui |
| mensuellement | 매월, 매달 | mae-wol, mae-dal |
| chaque mois | 매달 | mae-dal |
| 2 fois par mois | 한 달에 두 번 | han da-re du beon |

| année (f) | 년 | nyeon |
| cette année | 올해 | ol-hae |
| l'année prochaine | 내년 | nae-nyeon |
| l'année dernière | 작년 | jang-nyeon |

| il y a un an | 일년 전 | il-lyeon jeon |
| dans un an | 일 년 안에 | il lyeon na-ne |
| dans 2 ans | 이 년 안에 | i nyeon na-ne |
| toute l'année | 한 해 전체 | han hae jeon-che |
| toute une année | 일년 내내 | il-lyeon nae-nae |

| chaque année | 매년 | mae-nyeon |
| annuel (adj) | 연간의 | yeon-ga-nui |
| annuellement | 매년 | mae-nyeon |
| 4 fois par an | 일년에 네 번 | il-lyeon-e ne beon |

| date (f) (jour du mois) | 날짜 | nal-jja |
| date (f) (~ mémorable) | 월일 | wo-ril |
| calendrier (m) | 달력 | dal-lyeok |

| six mois | 반년 | ban-nyeon |
| semestre (m) | 육개월 | yuk-gae-wol |
| saison (f) | 계절 | gye-jeol |
| siècle (m) | 세기 | se-gi |

## 19. La notion de temps. Divers

| | | |
|---|---|---|
| temps (m) | 시간 | si-gan |
| moment (m) | 순간 | sun-gan |
| instant (m) | 찰나 | chal-la |
| instantané (adj) | 찰나의 | chal-la-ui |
| laps (m) de temps | 기간 | gi-gan |
| vie (f) | 일생 | il-saeng |
| éternité (f) | 영원 | yeong-won |
| | | |
| époque (f) | 시대 | si-dae |
| ère (f) | 시대 | si-dae |
| cycle (m) | 주기 | ju-gi |
| période (f) | 기간 | gi-gan |
| délai (m) | 기간 | gi-gan |
| | | |
| avenir (m) | 미래 | mi-rae |
| prochain (adj) | 미래의 | mi-rae-ui |
| la fois prochaine | 다음번 | da-eum-beon |
| passé (m) | 과거 | gwa-geo |
| passé (adj) | 지나간 | ji-na-gan |
| la fois passée | 지난 번에 | ji-nan beon-e |
| | | |
| plus tard (adv) | 나중에 | na-jung-e |
| après (prep) | ··· 후에 | ... hu-e |
| à présent (adv) | 요즘 | yo-jeum |
| maintenant (adv) | 이제 | i-je |
| immédiatement (adv) | 즉시 | jeuk-si |
| bientôt (adv) | 곧 | got |
| d'avance (adv) | 미리 | mi-ri |
| | | |
| il y a longtemps | 오래 전 | o-rae jeon |
| récemment (adv) | 최근 | choe-geun |
| destin (m) | 운명 | un-myeong |
| souvenirs (m pl) | 회상, 추억 | hoe-sang, chu-eok |
| archives (f pl) | 기록 | gi-rok |
| | | |
| pendant ... (prep) | ··· 동안 | ... dong-an |
| longtemps (adv) | 오래 | o-rae |
| pas longtemps (adv) | 길지 않은 | gil-ji a-neun |
| tôt (adv) | 일찍 | il-jjik |
| tard (adv) | 늦게 | neut-ge |
| | | |
| pour toujours (adv) | 영원히 | yeong-won-hi |
| commencer (vt) | 시작하다 | si-jak-a-da |
| reporter (retarder) | 연기하다 | yeon-gi-ha-da |
| | | |
| en même temps (adv) | 동시에 | dong-si-e |
| en permanence (adv) | 영구히 | yeong-gu-hi |
| constant (bruit, etc.) | 끊임없는 | kkeu-nim-eom-neun |
| temporaire (adj) | 일시적인 | il-si-jeo-gin |
| | | |
| parfois (adv) | 가끔 | ga-kkeum |
| rarement (adv) | 드물게 | deu-mul-ge |
| souvent (adv) | 자주 | ja-ju |

## 20. Les contraires

| | | |
|---|---|---|
| riche (adj) | 부유한 | bu-yu-han |
| pauvre (adj) | 가난한 | ga-nan-han |
| | | |
| malade (adj) | 아픈 | a-peun |
| en bonne santé | 건강한 | geon-gang-han |
| | | |
| grand (adj) | 큰 | keun |
| petit (adj) | 작은 | ja-geun |
| | | |
| vite (adv) | 빨리 | ppal-li |
| lentement (adv) | 천천히 | cheon-cheon-hi |
| | | |
| rapide (adj) | 빠른 | ppa-reun |
| lent (adj) | 느린 | neu-rin |
| | | |
| joyeux (adj) | 기쁜 | gi-ppeun |
| triste (adj) | 슬픈 | seul-peun |
| | | |
| ensemble (adv) | 같이 | ga-chi |
| séparément (adv) | 따로 | tta-ro |
| | | |
| à haute voix | 큰소리로 | keun-so-ri-ro |
| en silence | 묵독 | muk-dok |
| | | |
| haut (adj) | 높은 | no-peun |
| bas (adj) | 낮은 | na-jeun |
| | | |
| profond (adj) | 깊은 | gi-peun |
| peu profond (adj) | 얕은 | ya-teun |
| | | |
| oui (adv) | 네 | ne |
| non (adv) | 아니오 | a-ni-o |
| | | |
| lointain (adj) | 먼 | meon |
| proche (adj) | 인근의 | in-geu-nui |
| | | |
| loin (adv) | 멀리 | meol-li |
| près (adv) | 인근에 | in-geu-ne |
| | | |
| long (adj) | 긴 | gin |
| court (adj) | 짧은 | jjal-beun |
| | | |
| bon (au bon cœur) | 착한 | cha-kan |
| méchant (adj) | 사악한 | sa-a-kan |
| | | |
| marié (adj) | 결혼한 | gyeol-hon-han |
| célibataire (adj) | 미혼의 | mi-hon-ui |
| | | |
| interdire (vt) | 금지하다 | geum-ji-ha-da |
| permettre (vt) | 허가하다 | heo-ga-ha-da |
| | | |
| fin (f) | 끝 | kkeut |
| début (m) | 시작 | si-jak |

| gauche (adj) | 왼쪽의 | oen-jjo-gui |
| droit (adj) | 오른쪽의 | o-reun-jjo-gui |

| premier (adj) | 첫 번째의 | cheot beon-jjae-ui |
| dernier (adj) | 마지막의 | ma-ji-ma-gui |

| crime (m) | 범죄 | beom-joe |
| punition (f) | 벌 | beol |

| ordonner (vt) | 명령하다 | myeong-nyeong-ha-da |
| obéir (vt) | 복종하다 | bok-jong-ha-da |

| droit (adj) | 곧은 | go-deun |
| courbé (adj) | 굽은 | gu-beun |

| paradis (m) | 천국 | cheon-guk |
| enfer (m) | 지옥 | ji-ok |

| naître (vi) | 태어나다 | tae-eo-na-da |
| mourir (vi) | 죽다 | juk-da |

| fort (adj) | 강한 | gang-han |
| faible (adj) | 약한 | yak-an |

| vieux (adj) | 늙은 | neul-geun |
| jeune (adj) | 젊은 | jeol-meun |

| vieux (adj) | 낡은 | nal-geun |
| neuf (adj) | 새로운 | sae-ro-un |

| dur (adj) | 단단한 | dan-dan-han |
| mou (adj) | 부드러운 | bu-deu-reo-un |

| chaud (tiède) | 따뜻한 | tta-tteu-tan |
| froid (adj) | 추운 | chu-un |

| gros (adj) | 뚱뚱한 | ttung-ttung-han |
| maigre (adj) | 마른 | ma-reun |

| étroit (adj) | 좁은 | jo-beun |
| large (adj) | 넓은 | neol-beun |

| bon (adj) | 좋은 | jo-eun |
| mauvais (adj) | 나쁜 | na-ppeun |

| vaillant (adj) | 용감한 | yong-gam-han |
| peureux (adj) | 비겁한 | bi-geo-pan |

## 21. Les lignes et les formes

| carré (m) | 정사각형 | jeong-sa-gak-yeong |
| carré (adj) | 사각의 | sa-ga-gui |
| cercle (m) | 원 | won |
| rond (adj) | 원형의 | won-hyeong-ui |

| | | |
|---|---|---|
| triangle (m) | 삼각형 | sam-gak-yeong |
| triangulaire (adj) | 삼각형의 | sam-gak-yeong-ui |
| | | |
| ovale (m) | 타원 | ta-won |
| ovale (adj) | 타원의 | ta-won-ui |
| rectangle (m) | 직사각형 | jik-sa-gak-yeong |
| rectangulaire (adj) | 직사각형의 | jik-sa-gak-yeong-ui |
| | | |
| pyramide (f) | 피라미드 | pi-ra-mi-deu |
| losange (m) | 마름모 | ma-reum-mo |
| trapèze (m) | 사다리꼴 | sa-da-ri-kkol |
| cube (m) | 정육면체 | jeong-yung-myeon-che |
| prisme (m) | 각기둥 | gak-gi-dung |
| | | |
| circonférence (f) | 원주 | won-ju |
| sphère (f) | 구 | gu |
| globe (m) | 구체 | gu-che |
| | | |
| diamètre (m) | 지름 | ji-reum |
| rayon (m) | 반경 | ban-gyeong |
| périmètre (m) | 둘레 | dul-le |
| centre (m) | 중심 | jung-sim |
| | | |
| horizontal (adj) | 가로의 | ga-ro-ui |
| vertical (adj) | 세로의 | se-ro-ui |
| parallèle (f) | 평행 | pyeong-haeng |
| parallèle (adj) | 평행한 | pyeong-haeng-han |
| | | |
| ligne (f) | 선, 줄 | seon, jul |
| trait (m) | 획 | hoek |
| ligne (f) droite | 직선 | jik-seon |
| courbe (f) | 곡선 | gok-seon |
| fin (une ~ ligne) | 얇은 | yal-beun |
| contour (m) | 외곽선 | oe-gwak-seon |
| | | |
| intersection (f) | 교점 | gyo-jeom |
| angle (m) droit | 직각 | jik-gak |
| segment (m) | 활꼴 | hwal-kkol |
| secteur (m) | 부채꼴 | bu-chae-kkol |
| côté (m) | 변 | byeon |
| angle (m) | 각 | gak |

## 22. Les unités de mesure

| | | |
|---|---|---|
| poids (m) | 무게 | mu-ge |
| longueur (f) | 길이 | gi-ri |
| largeur (f) | 폭, 너비 | pok, neo-bi |
| hauteur (f) | 높이 | no-pi |
| profondeur (f) | 깊이 | gi-pi |
| volume (m) | 부피 | bu-pi |
| aire (f) | 면적 | myeon-jeok |
| | | |
| gramme (m) | 그램 | geu-raem |
| milligramme (m) | 밀리그램 | mil-li-geu-raem |

| kilogramme (m) | 킬로그램 | kil-lo-geu-raem |
|---|---|---|
| tonne (f) | 톤 | ton |
| livre (f) | 파운드 | pa-un-deu |
| once (f) | 온스 | on-seu |

| mètre (m) | 미터 | mi-teo |
|---|---|---|
| millimètre (m) | 밀리미터 | mil-li-mi-teo |
| centimètre (m) | 센티미터 | sen-ti-mi-teo |
| kilomètre (m) | 킬로미터 | kil-lo-mi-teo |
| mille (m) | 마일 | ma-il |

| pouce (m) | 인치 | in-chi |
|---|---|---|
| pied (m) | 피트 | pi-teu |
| yard (m) | 야드 | ya-deu |

| mètre (m) carré | 제곱미터 | je-gom-mi-teo |
|---|---|---|
| hectare (m) | 헥타르 | hek-ta-reu |

| litre (m) | 리터 | ri-teo |
|---|---|---|
| degré (m) | 도 | do |
| volt (m) | 볼트 | bol-teu |
| ampère (m) | 암페어 | am-pe-eo |
| cheval-vapeur (m) | 마력 | ma-ryeok |

| quantité (f) | 수량, 양 | su-ryang, yang |
|---|---|---|
| un peu de ... | ... 조금 | ... jo-geum |
| moitié (f) | 절반 | jeol-ban |
| douzaine (f) | 다스 | da-seu |
| pièce (f) | 조각 | jo-gak |

| dimension (f) | 크기 | keu-gi |
|---|---|---|
| échelle (f) (de la carte) | 축척 | chuk-cheok |

| minimal (adj) | 최소의 | choe-so-ui |
|---|---|---|
| le plus petit (adj) | 가장 작은 | ga-jang ja-geun |
| moyen (adj) | 중간의 | jung-gan-ui |
| maximal (adj) | 최대의 | choe-dae-ui |
| le plus grand (adj) | 가장 큰 | ga-jang keun |

## 23. Les récipients

| bocal (m) en verre | 유리병 | yu-ri-byeong |
|---|---|---|
| boîte, canette (f) | 캔, 깡통 | kaen, kkang-tong |
| seau (m) | 양동이 | yang-dong-i |
| tonneau (m) | 통 | tong |

| bassine, cuvette (f) | 대야 | dae-ya |
|---|---|---|
| cuve (f) | 탱크 | taeng-keu |
| flasque (f) | 휴대용 술병 | hyu-dae-yong sul-byeong |
| jerrican (m) | 통 | tong |
| citerne (f) | 탱크 | taeng-keu |

| tasse (f), mug (m) | 머그컵 | meo-geu-keop |
|---|---|---|
| tasse (f) | 컵 | keop |

| | | |
|---|---|---|
| soucoupe (f) | 받침 접시 | bat-chim jeop-si |
| verre (m) (~ d'eau) | 유리잔 | yu-ri-jan |
| verre (m) à vin | 와인글라스 | wa-in-geul-la-seu |
| faitout (m) | 냄비 | naem-bi |
| | | |
| bouteille (f) | 병 | byeong |
| goulot (m) | 병목 | byeong-mok |
| | | |
| carafe (f) | 디캔터 | di-kaen-teo |
| pichet (m) | 물병 | mul-byeong |
| récipient (m) | 용기 | yong-gi |
| pot (m) | 항아리 | hang-a-ri |
| vase (m) | 화병 | hwa-byeong |
| | | |
| flacon (m) | 향수병 | hyang-su-byeong |
| fiole (f) | 약병 | yak-byeong |
| tube (m) | 튜브 | tyu-beu |
| | | |
| sac (m) (grand ~) | 자루 | ja-ru |
| sac (m) (~ en plastique) | 봉투 | bong-tu |
| paquet (m) (~ de cigarettes) | 갑 | gap |
| | | |
| boîte (f) | 박스 | bak-seu |
| caisse (f) | 상자 | sang-ja |
| panier (m) | 바구니 | ba-gu-ni |

## 24. Les matériaux

| | | |
|---|---|---|
| matériau (m) | 재료 | jae-ryo |
| bois (m) | 목재 | mok-jae |
| en bois (adj) | 목재의 | mok-jae-ui |
| | | |
| verre (m) | 유리 | yu-ri |
| en verre (adj) | 유리의 | yu-ri-ui |
| | | |
| pierre (f) | 돌 | dol |
| en pierre (adj) | 돌의 | do-rui |
| | | |
| plastique (m) | 플라스틱 | peul-la-seu-tik |
| en plastique (adj) | 플라스틱의 | peul-la-seu-ti-gui |
| | | |
| caoutchouc (m) | 고무 | go-mu |
| en caoutchouc (adj) | 고무의 | go-mu-ui |
| | | |
| tissu (m) | 직물 | jing-mul |
| en tissu (adj) | 직물의 | jing-mu-rui |
| | | |
| papier (m) | 종이 | jong-i |
| de papier (adj) | 종이의 | jong-i-ui |
| | | |
| carton (m) | 판지 | pan-ji |
| en carton (adj) | 판지의 | pan-ji-ui |
| polyéthylène (m) | 폴리에틸렌 | pol-li-e-til-len |
| cellophane (f) | 셀로판 | sel-lo-pan |

| | | |
|---|---|---|
| contreplaqué (m) | 합판 | hap-pan |
| porcelaine (f) | 도자기 | do-ja-gi |
| de porcelaine (adj) | 도자기의 | do-ja-gi-ui |
| argile (f) | 점토 | jeom-to |
| de terre cuite (adj) | 점토의 | jeom-to-ui |
| céramique (f) | 세라믹 | se-ra-mik |
| en céramique (adj) | 세라믹의 | se-ra-mi-gui |

## 25. Les métaux

| | | |
|---|---|---|
| métal (m) | 금속 | geum-sok |
| métallique (adj) | 금속제의 | geum-sok-je-ui |
| alliage (m) | 합금 | hap-geum |
| | | |
| or (m) | 금 | geum |
| en or (adj) | 금의 | geum-ui |
| argent (m) | 은 | eun |
| en argent (adj) | 은의 | eun-ui |
| | | |
| fer (m) | 철 | cheol |
| en fer (adj) | 철제의 | cheol-je-ui |
| acier (m) | 강철 | gang-cheol |
| en acier (adj) | 강철의 | gang-cheo-rui |
| cuivre (m) | 구리 | gu-ri |
| en cuivre (adj) | 구리의 | gu-ri-ui |
| | | |
| aluminium (m) | 알루미늄 | al-lu-mi-nyum |
| en aluminium (adj) | 알루미늄의 | al-lu-mi-nyum-ui |
| bronze (m) | 청동 | cheong-dong |
| en bronze (adj) | 청동의 | cheong-dong-ui |
| | | |
| laiton (m) | 황동 | hwang-dong |
| nickel (m) | 니켈 | ni-kel |
| platine (f) | 백금 | baek-geum |
| mercure (m) | 수은 | su-eun |
| étain (m) | 주석 | ju-seok |
| plomb (m) | 납 | nap |
| zinc (m) | 아연 | a-yeon |

# L'HOMME

## L'homme. Le corps humain

### 26. L'homme. Notions fondamentales

| | | |
|---|---|---|
| être (m) humain | 사람 | sa-ram |
| homme (m) | 남자 | nam-ja |
| femme (f) | 여자 | yeo-ja |
| enfant (m, f) | 아이, 아동 | a-i, a-dong |
| | | |
| fille (f) | 소녀 | so-nyeo |
| garçon (m) | 소년 | so-nyeon |
| adolescent (m) | 청소년 | cheong-so-nyeon |
| vieillard (m) | 노인 | no-in |
| vieille femme (f) | 노인 | no-in |

### 27. L'anatomie humaine

| | | |
|---|---|---|
| organisme (m) | 생체 | saeng-che |
| cœur (m) | 심장 | sim-jang |
| sang (m) | 피 | pi |
| artère (f) | 동맥 | dong-maek |
| veine (f) | 정맥 | jeong-maek |
| | | |
| cerveau (m) | 두뇌 | du-noe |
| nerf (m) | 신경 | sin-gyeong |
| nerfs (m pl) | 신경 | sin-gyeong |
| vertèbre (f) | 척추 | cheok-chu |
| colonne (f) vertébrale | 등뼈 | deung-ppyeo |
| | | |
| estomac (m) | 위 | wi |
| intestins (m pl) | 창자 | chang-ja |
| intestin (m) | 장 | jang |
| foie (m) | 간 | gan |
| rein (m) | 신장 | sin-jang |
| | | |
| os (m) | 뼈 | ppyeo |
| squelette (f) | 뼈대 | ppyeo-dae |
| côte (f) | 늑골 | neuk-gol |
| crâne (m) | 두개골 | du-gae-gol |
| | | |
| muscle (m) | 근육 | geu-nyuk |
| biceps (m) | 이두근 | i-du-geun |
| | | |
| tendon (m) | 힘줄, 건 | him-jul, geon |
| articulation (f) | 관절 | gwan-jeol |

| | | |
|---|---|---|
| poumons (m pl) | 폐 | pye |
| organes (m pl) génitaux | 생식기 | saeng-sik-gi |
| peau (f) | 피부 | pi-bu |

## 28. La tête

| | | |
|---|---|---|
| tête (f) | 머리 | meo-ri |
| visage (m) | 얼굴 | eol-gul |
| nez (m) | 코 | ko |
| bouche (f) | 입 | ip |
| | | |
| œil (m) | 눈 | nun |
| les yeux | 눈 | nun |
| pupille (f) | 눈동자 | nun-dong-ja |
| sourcil (m) | 눈썹 | nun-sseop |
| cil (m) | 속눈썹 | song-nun-sseop |
| paupière (f) | 눈꺼풀 | nun-kkeo-pul |
| | | |
| langue (f) | 혀 | hyeo |
| dent (f) | 이 | i |
| lèvres (f pl) | 입술 | ip-sul |
| pommettes (f pl) | 광대뼈 | gwang-dae-ppyeo |
| gencive (f) | 잇몸 | in-mom |
| palais (m) | 입천장 | ip-cheon-jang |
| | | |
| narines (f pl) | 콧구멍 | kot-gu-meong |
| menton (m) | 턱 | teok |
| mâchoire (f) | 턱 | teok |
| joue (f) | 뺨, 볼 | ppyam, bol |
| | | |
| front (m) | 이마 | i-ma |
| tempe (f) | 관자놀이 | gwan-ja-no-ri |
| oreille (f) | 귀 | gwi |
| nuque (f) | 뒤통수 | dwi-tong-su |
| cou (m) | 목 | mok |
| gorge (f) | 목구멍 | mok-gu-meong |
| | | |
| cheveux (m pl) | 머리털, 헤어 | meo-ri-teol, he-eo |
| coiffure (f) | 머리 스타일 | meo-ri seu-ta-il |
| coupe (f) | 헤어컷 | he-eo-keot |
| perruque (f) | 가발 | ga-bal |
| | | |
| moustache (f) | 콧수염 | kot-su-yeom |
| barbe (f) | 턱수염 | teok-su-yeom |
| porter (~ la barbe) | 기르다 | gi-reu-da |
| tresse (f) | 땋은 머리 | tta-eun meo-ri |
| favoris (m pl) | 구레나룻 | gu-re-na-rut |
| | | |
| roux (adj) | 빨강머리의 | ppal-gang-meo-ri-ui |
| gris, grisonnant (adj) | 흰머리의 | huin-meo-ri-ui |
| chauve (adj) | 대머리인 | dae-meo-ri-in |
| calvitie (f) | 땜통 | ttaem-tong |
| queue (f) de cheval | 말총머리 | mal-chong-meo-ri |
| frange (f) | 앞머리 | am-meo-ri |

## 29. Le corps humain

| main (f) | 손 | son |
| bras (m) | 팔 | pal |
| | | |
| doigt (m) | 손가락 | son-ga-rak |
| pouce (m) | 엄지손가락 | eom-ji-son-ga-rak |
| petit doigt (m) | 새끼손가락 | sae-kki-son-ga-rak |
| ongle (m) | 손톱 | son-top |
| | | |
| poing (m) | 주먹 | ju-meok |
| paume (f) | 손바닥 | son-ba-dak |
| poignet (m) | 손목 | son-mok |
| avant-bras (m) | 전박 | jeon-bak |
| coude (m) | 팔꿈치 | pal-kkum-chi |
| épaule (f) | 어깨 | eo-kkae |
| | | |
| jambe (f) | 다리 | da-ri |
| pied (m) | 발 | bal |
| genou (m) | 무릎 | mu-reup |
| mollet (m) | 종아리 | jong-a-ri |
| hanche (f) | 엉덩이 | eong-deong-i |
| talon (m) | 발뒤꿈치 | bal-dwi-kkum-chi |
| | | |
| corps (m) | 몸 | mom |
| ventre (m) | 배 | bae |
| poitrine (f) | 가슴 | ga-seum |
| sein (m) | 가슴 | ga-seum |
| côté (m) | 옆구리 | yeop-gu-ri |
| dos (m) | 등 | deung |
| reins (région lombaire) | 허리 | heo-ri |
| taille (f) (~ de guêpe) | 허리 | heo-ri |
| | | |
| nombril (m) | 배꼽 | bae-kkop |
| fesses (f pl) | 엉덩이 | eong-deong-i |
| derrière (m) | 엉덩이 | eong-deong-i |
| | | |
| grain (m) de beauté | 점 | jeom |
| tache (f) de vin | 모반 | mo-ban |
| tatouage (m) | 문신 | mun-sin |
| cicatrice (f) | 흉터 | hyung-teo |

# Les vêtements & les accessoires

## 30. Les vêtements d'extérieur

| | | |
|---|---|---|
| vêtement (m) | 옷 | ot |
| survêtement (m) | 겉옷 | geo-tot |
| vêtement (m) d'hiver | 겨울옷 | gyeo-u-rot |
| manteau (m) | 코트 | ko-teu |
| manteau (m) de fourrure | 모피 외투 | mo-pi oe-tu |
| veste (f) de fourrure | 짧은 모피 외투 | jjal-beun mo-pi oe-tu |
| manteau (m) de duvet | 패딩점퍼 | pae-ding-jeom-peo |
| veste (f) (~ en cuir) | 재킷 | jae-kit |
| imperméable (m) | 트렌치코트 | teu-ren-chi-ko-teu |
| imperméable (adj) | 방수의 | bang-su-ui |

## 31. Les vêtements

| | | |
|---|---|---|
| chemise (f) | 셔츠 | syeo-cheu |
| pantalon (m) | 바지 | ba-ji |
| jean (m) | 청바지 | cheong-ba-ji |
| veston (m) | 재킷 | jae-kit |
| complet (m) | 양복 | yang-bok |
| robe (f) | 드레스 | deu-re-seu |
| jupe (f) | 치마 | chi-ma |
| chemisette (f) | 블라우스 | beul-la-u-seu |
| veste (f) en laine | 니트 재킷 | ni-teu jae-kit |
| jaquette (f), blazer (m) | 재킷 | jae-kit |
| tee-shirt (m) | 티셔츠 | ti-syeo-cheu |
| short (m) | 반바지 | ban-ba-ji |
| costume (m) de sport | 운동복 | un-dong-bok |
| peignoir (m) de bain | 목욕가운 | mo-gyok-ga-un |
| pyjama (m) | 파자마 | pa-ja-ma |
| chandail (m) | 스웨터 | seu-we-teo |
| pull-over (m) | 풀오버 | pu-ro-beo |
| gilet (m) | 조끼 | jo-kki |
| queue-de-pie (f) | 연미복 | yeon-mi-bok |
| smoking (m) | 턱시도 | teok-si-do |
| uniforme (m) | 제복 | je-bok |
| tenue (f) de travail | 작업복 | ja-geop-bok |
| salopette (f) | 작업바지 | ja-geop-ba-ji |
| blouse (f) (d'un médecin) | 가운 | ga-un |

## 32.  Les sous-vêtements

| | | |
|---|---|---|
| sous-vêtements (m pl) | 속옷 | so-got |
| maillot (m) de corps | 러닝 셔츠 | reo-ning syeo-cheu |
| chaussettes (f pl) | 양말 | yang-mal |
| chemise (f) de nuit | 잠옷 | jam-ot |
| soutien-gorge (m) | 브라 | beu-ra |
| chaussettes (f pl) hautes | 무릎길이 스타킹 | mu-reup-gi-ri seu-ta-king |
| collants (m pl) | 팬티 스타킹 | paen-ti seu-ta-king |
| bas (m pl) | 밴드 스타킹 | baen-deu seu-ta-king |
| maillot (m) de bain | 수영복 | su-yeong-bok |

## 33.  Les chapeaux

| | | |
|---|---|---|
| chapeau (m) | 모자 | mo-ja |
| chapeau (m) feutre | 중절모 | jung-jeol-mo |
| casquette (f) de base-ball | 야구 모자 | ya-gu mo-ja |
| casquette (f) | 플랫캡 | peul-laet-kaep |
| béret (m) | 베레모 | be-re-mo |
| capuche (f) | 후드 | hu-deu |
| panama (m) | 파나마 모자 | pa-na-ma mo-ja |
| bonnet (m) de laine | 니트 모자 | ni-teu mo-ja |
| foulard (m) | 스카프 | seu-ka-peu |
| chapeau (m) de femme | 여성용 모자 | yeo-seong-yong mo-ja |
| casque (m) (d'ouvriers) | 안전모 | an-jeon-mo |
| calot (m) | 개리슨 캡 | gae-ri-seun kaep |
| casque (m) (~ de moto) | 헬멧 | hel-met |

## 34.  Les chaussures

| | | |
|---|---|---|
| chaussures (f pl) | 신발 | sin-bal |
| bottines (f pl) | 구두 | gu-du |
| souliers (m pl) (~ plats) | 구두 | gu-du |
| bottes (f pl) | 부츠 | bu-cheu |
| chaussons (m pl) | 슬리퍼 | seul-li-peo |
| tennis (m pl) | 운동화 | un-dong-hwa |
| baskets (f pl) | 스니커즈 | seu-ni-keo-jeu |
| sandales (f pl) | 샌들 | saen-deul |
| cordonnier (m) | 구둣방 | gu-dut-bang |
| talon (m) | 굽 | gup |
| paire (f) | 켤레 | kyeol-le |
| lacet (m) | 끈 | kkeun |
| lacer (vt) | 끈을 매다 | kkeu-neul mae-da |

| chausse-pied (m) | 구둣주걱 | gu-dut-ju-geok |
| cirage (m) | 구두약 | gu-du-yak |

## 35. Le textile. Les tissus

| coton (m) | 면 | myeon |
| de coton (adj) | 면의 | myeo-nui |
| lin (m) | 리넨 | ri-nen |
| de lin (adj) | 린넨의 | rin-ne-nui |

| soie (f) | 실크 | sil-keu |
| de soie (adj) | 실크의 | sil-keu-ui |
| laine (f) | 모직, 울 | mo-jik, ul |
| en laine (adj) | 모직의 | mo-ji-gui |

| velours (m) | 벨벳 | bel-bet |
| chamois (m) | 스웨이드 | seu-we-i-deu |
| velours (m) côtelé | 코듀로이 | ko-dyu-ro-i |

| nylon (m) | 나일론 | na-il-lon |
| en nylon (adj) | 나일론의 | na-il-lo-nui |
| polyester (m) | 폴리에스테르 | pol-li-e-seu-te-reu |
| en polyester (adj) | 폴리에스테르의 | pol-li-e-seu-te-reu-ui |

| cuir (m) | 가죽 | ga-juk |
| en cuir (adj) | 가죽의 | ga-ju-gui |
| fourrure (f) | 모피 | mo-pi |
| en fourrure (adj) | 모피의 | mo-pi-ui |

## 36. Les accessoires personnels

| gants (m pl) | 장갑 | jang-gap |
| moufles (f pl) | 벙어리장갑 | beong-eo-ri-jang-gap |
| écharpe (f) | 목도리 | mok-do-ri |

| lunettes (f pl) | 안경 | an-gyeong |
| monture (f) | 안경테 | an-gyeong-te |
| parapluie (m) | 우산 | u-san |
| canne (f) | 지팡이 | ji-pang-i |
| brosse (f) à cheveux | 빗, 솔빗 | bit, sol-bit |
| éventail (m) | 부채 | bu-chae |

| cravate (f) | 넥타이 | nek-ta-i |
| nœud papillon (m) | 나비넥타이 | na-bi-nek-ta-i |
| bretelles (f pl) | 멜빵 | mel-ppang |
| mouchoir (m) | 손수건 | son-su-geon |

| peigne (m) | 빗 | bit |
| barrette (f) | 머리핀 | meo-ri-pin |
| épingle (f) à cheveux | 머리핀 | meo-ri-pin |
| boucle (f) | 버클 | beo-keul |
| ceinture (f) | 벨트 | bel-teu |

| bandoulière (f) | 어깨끈 | eo-kkae-kkeun |
| sac (m) | 가방 | ga-bang |
| sac (m) â main | 핸드백 | haen-deu-baek |
| sac (m) â dos | 배낭 | bae-nang |

## 37. Les vêtements. Divers

| mode (f) | 패션 | pae-syeon |
| à la mode (adj) | 유행하는 | yu-haeng-ha-neun |
| couturier, créateur de mode | 패션 디자이너 | pae-syeon di-ja-i-neo |

| col (m) | 옷깃 | ot-git |
| poche (f) | 주머니, 포켓 | ju-meo-ni, po-ket |
| de poche (adj) | 주머니의 | ju-meo-ni-ui |
| manche (f) | 소매 | so-mae |
| bride (f) | 거는 끈 | geo-neun kkeun |
| braguette (f) | 바지 지퍼 | ba-ji ji-peo |

| fermeture (f) â glissière | 지퍼 | ji-peo |
| agrafe (f) | 조임쇠 | jo-im-soe |
| bouton (m) | 단추 | dan-chu |
| boutonnière (f) | 단춧 구멍 | dan-chut gu-meong |
| s'arracher (bouton) | 떨어지다 | tteo-reo-ji-da |

| coudre (vi, vt) | 바느질하다 | ba-neu-jil-ha-da |
| broder (vt) | 수놓다 | su-no-ta |
| broderie (f) | 자수 | ja-su |
| aiguille (f) | 바늘 | ba-neul |
| fil (m) | 실 | sil |
| couture (f) | 솔기 | sol-gi |

| se salir (vp) | 더러워지다 | deo-reo-wo-ji-da |
| tache (f) | 얼룩 | eol-luk |
| se froisser (vp) | 구겨지다 | gu-gyeo-ji-da |
| déchirer (vt) | 찢다 | jjit-da |
| mite (f) | 좀 | jom |

## 38. L'hygiène corporelle. Les cosmétiques

| dentifrice (m) | 치약 | chi-yak |
| brosse (f) â dents | 칫솔 | chit-sol |
| se brosser les dents | 이를 닦다 | i-reul dak-da |

| rasoir (m) | 면도기 | myeon-do-gi |
| crème (f) â raser | 면도용 크림 | myeon-do-yong keu-rim |
| se raser (vp) | 깎다 | kkak-da |

| savon (m) | 비누 | bi-nu |
| shampooing (m) | 샴푸 | syam-pu |

| ciseaux (m pl) | 가위 | ga-wi |
| lime (f) â ongles | 손톱줄 | son-top-jul |

| pinces (f pl) à ongles | 손톱깎이 | son-top-kka-kki |
| pince (f) à épiler | 족집게 | jok-jip-ge |

| produits (m pl) de beauté | 화장품 | hwa-jang-pum |
| masque (m) de beauté | 얼굴 마스크 | eol-gul ma-seu-keu |
| manucure (f) | 매니큐어 | mae-ni-kyu-eo |
| se faire les ongles | 매니큐어를 칠하다 | mae-ni-kyu-eo-reul chil-ha-da |
| pédicurie (f) | 페디큐어 | pe-di-kyu-eo |

| trousse (f) de toilette | 화장품 가방 | hwa-jang-pum ga-bang |
| poudre (f) | 분 | bun |
| poudrier (m) | 콤팩트 | kom-paek-teu |
| fard (m) à joues | 블러셔 | beul-leo-syeo |

| parfum (m) | 향수 | hyang-su |
| eau (f) de toilette | 화장수 | hwa-jang-su |
| lotion (f) | 로션 | ro-syeon |
| eau de Cologne (f) | 오드콜로뉴 | o-deu-kol-lo-nyu |

| fard (m) à paupières | 아이섀도 | a-i-syae-do |
| crayon (m) à paupières | 아이라이너 | a-i-ra-i-neo |
| mascara (m) | 마스카라 | ma-seu-ka-ra |

| rouge (m) à lèvres | 립스틱 | rip-seu-tik |
| vernis (m) à ongles | 매니큐어 | mae-ni-kyu-eo |
| laque (f) pour les cheveux | 헤어 스프레이 | he-eo seu-peu-re-i |
| déodorant (m) | 데오도란트 | de-o-do-ran-teu |

| crème (f) | 크림 | keu-rim |
| crème (f) pour le visage | 얼굴 크림 | eol-gul keu-rim |
| crème (f) pour les mains | 핸드 크림 | haen-deu keu-rim |
| crème (f) anti-rides | 주름제거 크림 | ju-reum-je-geo keu-rim |
| de jour (adj) | 낮의 | na-jui |
| de nuit (adj) | 밤의 | ba-mui |

| tampon (m) | 탐폰 | tam-pon |
| papier (m) de toilette | 화장지 | hwa-jang-ji |
| sèche-cheveux (m) | 헤어 드라이어 | he-eo deu-ra-i-eo |

## 39. Les bijoux. La bijouterie

| bijoux (m pl) | 보석 | bo-seok |
| précieux (adj) | 귀중한 | gwi-jung-han |
| poinçon (m) | 품질 보증 마크 | pum-jil bo-jeung ma-keu |

| bague (f) | 반지 | ban-ji |
| alliance (f) | 결혼반지 | gyeol-hon-ban-ji |
| bracelet (m) | 팔찌 | pal-jji |

| boucles (f pl) d'oreille | 귀걸이 | gwi-geo-ri |
| collier (m) (de perles) | 목걸이 | mok-geo-ri |
| couronne (f) | 왕관 | wang-gwan |
| collier (m) (en verre, etc.) | 구슬 목걸이 | gu-seul mok-geo-ri |
| diamant (m) | 다이아몬드 | da-i-a-mon-deu |

| émeraude (f) | 에메랄드 | e-me-ral-deu |
| rubis (m) | 루비 | ru-bi |
| saphir (m) | 사파이어 | sa-pa-i-eo |
| perle (f) | 진주 | jin-ju |
| ambre (m) | 호박 | ho-bak |

## 40. Les montres. Les horloges

| montre (f) | 손목 시계 | son-mok si-gye |
| cadran (m) | 문자반 | mun-ja-ban |
| aiguille (f) | 바늘 | ba-neul |
| bracelet (m) | 금속제 시계줄 | geum-sok-je si-gye-jul |
| bracelet (m) (en cuir) | 시계줄 | si-gye-jul |

| pile (f) | 건전지 | geon-jeon-ji |
| être déchargé | 나가다 | na-ga-da |
| changer de pile | 배터리를 갈다 | bae-teo-ri-reul gal-da |
| avancer (vi) | 빨리 가다 | ppal-li ga-da |
| retarder (vi) | 늦게 가다 | neut-ge ga-da |

| pendule (f) | 벽시계 | byeok-si-gye |
| sablier (m) | 모래시계 | mo-rae-si-gye |
| cadran (m) solaire | 해시계 | hae-si-gye |
| réveil (m) | 알람 시계 | al-lam si-gye |
| horloger (m) | 시계 기술자 | si-gye gi-sul-ja |
| réparer (vt) | 수리하다 | su-ri-ha-da |

# Les aliments. L'alimentation

## 41. Les aliments

| | | |
|---|---|---|
| viande (f) | 고기 | go-gi |
| poulet (m) | 닭고기 | dak-go-gi |
| poulet (m) (poussin) | 영계 | yeong-gye |
| canard (m) | 오리고기 | o-ri-go-gi |
| oie (f) | 거위고기 | geo-wi-go-gi |
| gibier (m) | 사냥감 | sa-nyang-gam |
| dinde (f) | 칠면조고기 | chil-myeon-jo-go-gi |
| | | |
| du porc | 돼지고기 | dwae-ji-go-gi |
| du veau | 송아지 고기 | song-a-ji go-gi |
| du mouton | 양고기 | yang-go-gi |
| du bœuf | 소고기 | so-go-gi |
| lapin (m) | 토끼고기 | to-kki-go-gi |
| | | |
| saucisson (m) | 소시지 | so-si-ji |
| saucisse (f) | 비엔나 소시지 | bi-en-na so-si-ji |
| bacon (m) | 베이컨 | be-i-keon |
| jambon (m) | 햄 | haem |
| cuisse (f) | 개먼 | gae-meon |
| | | |
| pâté (m) | 파테 | pa-te |
| foie (m) | 간 | gan |
| farce (f) | 다진 고기 | da-jin go-gi |
| langue (f) | 혀 | hyeo |
| | | |
| œuf (m) | 계란 | gye-ran |
| les œufs | 계란 | gye-ran |
| blanc (m) d'œuf | 흰자 | huin-ja |
| jaune (m) d'œuf | 노른자 | no-reun-ja |
| | | |
| poisson (m) | 생선 | saeng-seon |
| fruits (m pl) de mer | 해물 | hae-mul |
| caviar (m) | 캐비어 | kae-bi-eo |
| | | |
| crabe (m) | 게 | ge |
| crevette (f) | 새우 | sae-u |
| huître (f) | 굴 | gul |
| langoustine (f) | 대하 | dae-ha |
| poulpe (m) | 문어 | mun-eo |
| calamar (m) | 오징어 | o-jing-eo |
| | | |
| esturgeon (m) | 철갑상어 | cheol-gap-sang-eo |
| saumon (m) | 연어 | yeon-eo |
| flétan (m) | 넙치 | neop-chi |
| morue (f) | 대구 | dae-gu |
| maquereau (m) | 고등어 | go-deung-eo |

| | | |
|---|---|---|
| thon (m) | 참치 | cham-chi |
| anguille (f) | 뱀장어 | baem-jang-eo |
| | | |
| truite (f) | 송어 | song-eo |
| sardine (f) | 정어리 | jeong-eo-ri |
| brochet (m) | 강꼬치고기 | gang-kko-chi-go-gi |
| hareng (m) | 청어 | cheong-eo |
| | | |
| pain (m) | 빵 | ppang |
| fromage (m) | 치즈 | chi-jeu |
| sucre (m) | 설탕 | seol-tang |
| sel (m) | 소금 | so-geum |
| | | |
| riz (m) | 쌀 | ssal |
| pâtes (m pl) | 파스타 | pa-seu-ta |
| nouilles (f pl) | 면 | myeon |
| | | |
| beurre (m) | 버터 | beo-teo |
| huile (f) végétale | 식물유 | sing-mu-ryu |
| huile (f) de tournesol | 해바라기유 | hae-ba-ra-gi-yu |
| margarine (f) | 마가린 | ma-ga-rin |
| | | |
| olives (f pl) | 올리브 | ol-li-beu |
| huile (f) d'olive | 올리브유 | ol-li-beu-yu |
| | | |
| lait (m) | 우유 | u-yu |
| lait (m) condensé | 연유 | yeo-nyu |
| yogourt (m) | 요구르트 | yo-gu-reu-teu |
| crème (f) aigre | 사워크림 | sa-wo-keu-rim |
| crème (f) (de lait) | 크림 | keu-rim |
| | | |
| sauce (f) mayonnaise | 마요네즈 | ma-yo-ne-jeu |
| crème (f) au beurre | 버터크림 | beo-teo-keu-rim |
| | | |
| gruau (m) | 곡물 | gong-mul |
| farine (f) | 밀가루 | mil-ga-ru |
| conserves (f pl) | 통조림 | tong-jo-rim |
| | | |
| pétales (m pl) de maïs | 콘플레이크 | kon-peul-le-i-keu |
| miel (m) | 꿀 | kkul |
| confiture (f) | 잼 | jaem |
| gomme (f) à mâcher | 껌 | kkeom |

## 42. Les boissons

| | | |
|---|---|---|
| eau (f) | 물 | mul |
| eau (f) potable | 음료수 | eum-nyo-su |
| eau (f) minérale | 미네랄 워터 | mi-ne-ral rwo-teo |
| | | |
| plate (adj) | 탄산 없는 | tan-san neom-neun |
| gazeuse (l'eau ~) | 탄산의 | tan-sa-nui |
| pétillante (adj) | 탄산이 든 | tan-san-i deun |
| glace (f) | 얼음 | eo-reum |
| avec de la glace | 얼음을 넣은 | eo-reu-meul leo-eun |

| | | |
|---|---|---|
| sans alcool | 무알코올의 | mu-al-ko-o-rui |
| boisson (f) non alcoolisée | 청량음료 | cheong-nyang-eum-nyo |
| rafraîchissement (m) | 청량 음료 | cheong-nyang eum-nyo |
| limonade (f) | 레모네이드 | re-mo-ne-i-deu |
| | | |
| boissons (f pl) alcoolisées | 술 | sul |
| vin (m) | 와인 | wa-in |
| vin (m) blanc | 백 포도주 | baek po-do-ju |
| vin (m) rouge | 레드 와인 | re-deu wa-in |
| | | |
| liqueur (f) | 리큐르 | ri-kyu-reu |
| champagne (m) | 샴페인 | syam-pe-in |
| vermouth (m) | 베르무트 | be-reu-mu-teu |
| | | |
| whisky (m) | 위스키 | wi-seu-ki |
| vodka (f) | 보드카 | bo-deu-ka |
| gin (m) | 진 | jin |
| cognac (m) | 코냑 | ko-nyak |
| rhum (m) | 럼 | reom |
| | | |
| café (m) | 커피 | keo-pi |
| café (m) noir | 블랙 커피 | beul-laek keo-pi |
| café (m) au lait | 밀크 커피 | mil-keu keo-pi |
| cappuccino (m) | 카푸치노 | ka-pu-chi-no |
| café (m) soluble | 인스턴트 커피 | in-seu-teon-teu keo-pi |
| | | |
| lait (m) | 우유 | u-yu |
| cocktail (m) | 칵테일 | kak-te-il |
| cocktail (m) au lait | 밀크 셰이크 | mil-keu sye-i-keu |
| | | |
| jus (m) | 주스 | ju-seu |
| jus (m) de tomate | 토마토 주스 | to-ma-to ju-seu |
| jus (m) d'orange | 오렌지 주스 | o-ren-ji ju-seu |
| jus (m) pressé | 생과일주스 | saeng-gwa-il-ju-seu |
| | | |
| bière (f) | 맥주 | maek-ju |
| bière (f) blonde | 라거 | ra-geo |
| bière (f) brune | 흑맥주 | heung-maek-ju |
| | | |
| thé (m) | 차 | cha |
| thé (m) noir | 홍차 | hong-cha |
| thé (m) vert | 녹차 | nok-cha |

## 43. Les légumes

| | | |
|---|---|---|
| légumes (m pl) | 채소 | chae-so |
| verdure (f) | 녹황색 채소 | nok-wang-saek chae-so |
| | | |
| tomate (f) | 토마토 | to-ma-to |
| concombre (m) | 오이 | o-i |
| carotte (f) | 당근 | dang-geun |
| pomme (f) de terre | 감자 | gam-ja |
| oignon (m) | 양파 | yang-pa |
| ail (m) | 마늘 | ma-neul |

| chou (m) | 양배추 | yang-bae-chu |
| chou-fleur (m) | 컬리플라워 | keol-li-peul-la-wo |
| chou (m) de Bruxelles | 방울다다기 양배추 | bang-ul-da-da-gi yang-bae-chu |
| brocoli (m) | 브로콜리 | beu-ro-kol-li |
| | | |
| betterave (f) | 비트 | bi-teu |
| aubergine (f) | 가지 | ga-ji |
| courgette (f) | 애호박 | ae-ho-bak |
| potiron (m) | 호박 | ho-bak |
| navet (m) | 순무 | sun-mu |
| | | |
| persil (m) | 파슬리 | pa-seul-li |
| fenouil (m) | 딜 | dil |
| laitue (f) (salade) | 양상추 | yang-sang-chu |
| céleri (m) | 셀러리 | sel-leo-ri |
| asperge (f) | 아스파라거스 | a-seu-pa-ra-geo-seu |
| épinard (m) | 시금치 | si-geum-chi |
| | | |
| pois (m) | 완두 | wan-du |
| fèves (f pl) | 콩 | kong |
| maïs (m) | 옥수수 | ok-su-su |
| haricot (m) | 강낭콩 | gang-nang-kong |
| | | |
| poivron (m) | 피망 | pi-mang |
| radis (m) | 무 | mu |
| artichaut (m) | 아티초크 | a-ti-cho-keu |

## 44. Les fruits. Les noix

| fruit (m) | 과일 | gwa-il |
| pomme (f) | 사과 | sa-gwa |
| poire (f) | 배 | bae |
| citron (m) | 레몬 | re-mon |
| orange (f) | 오렌지 | o-ren-ji |
| fraise (f) | 딸기 | ttal-gi |
| | | |
| mandarine (f) | 귤 | gyul |
| prune (f) | 자두 | ja-du |
| pêche (f) | 복숭아 | bok-sung-a |
| abricot (m) | 살구 | sal-gu |
| framboise (f) | 라즈베리 | ra-jeu-be-ri |
| ananas (m) | 파인애플 | pa-in-ae-peul |
| | | |
| banane (f) | 바나나 | ba-na-na |
| pastèque (f) | 수박 | su-bak |
| raisin (m) | 포도 | po-do |
| cerise (f) | 신양 | si-nyang |
| merise (f) | 양벗나무 | yang-beon-na-mu |
| melon (m) | 멜론 | mel-lon |
| | | |
| pamplemousse (m) | 자몽 | ja-mong |
| avocat (m) | 아보카도 | a-bo-ka-do |
| papaye (f) | 파파야 | pa-pa-ya |

| mangue (f) | 망고 | mang-go |
| grenade (f) | 석류 | seong-nyu |

| groseille (f) rouge | 레드커런트 | re-deu-keo-ren-teu |
| cassis (m) | 블랙커런트 | beul-laek-keo-ren-teu |
| groseille (f) verte | 구스베리 | gu-seu-be-ri |
| myrtille (f) | 빌베리 | bil-be-ri |
| mûre (f) | 블랙베리 | beul-laek-be-ri |

| raisin (m) sec | 건포도 | geon-po-do |
| figue (f) | 무화과 | mu-hwa-gwa |
| datte (f) | 대추야자 | dae-chu-ya-ja |

| cacahuète (f) | 땅콩 | ttang-kong |
| amande (f) | 아몬드 | a-mon-deu |
| noix (f) | 호두 | ho-du |
| noisette (f) | 개암 | gae-am |
| noix (f) de coco | 코코넛 | ko-ko-neot |
| pistaches (f pl) | 피스타치오 | pi-seu-ta-chi-o |

## 45. Le pain. Les confiseries

| confiserie (f) | 과자류 | gwa-ja-ryu |
| pain (m) | 빵 | ppang |
| biscuit (m) | 쿠키 | ku-ki |

| chocolat (m) | 초콜릿 | cho-kol-lit |
| en chocolat (adj) | 초콜릿의 | cho-kol-lis-ui |
| bonbon (m) | 사탕 | sa-tang |
| gâteau (m), pâtisserie (f) | 케이크 | ke-i-keu |
| tarte (f) | 케이크 | ke-i-keu |

| gâteau (m) | 파이 | pa-i |
| garniture (f) | 속 | sok |

| confiture (f) | 잼 | jaem |
| marmelade (f) | 마멀레이드 | ma-meol-le-i-deu |
| gaufre (f) | 와플 | wa-peul |
| glace (f) | 아이스크림 | a-i-seu-keu-rim |

## 46. Les plats cuisinés

| plat (m) | 요리, 코스 | yo-ri, ko-seu |
| cuisine (f) | 요리 | yo-ri |
| recette (f) | 요리법 | yo-ri-beop |
| portion (f) | 분량 | bul-lyang |

| salade (f) | 샐러드 | sael-leo-deu |
| soupe (f) | 수프 | su-peu |

| bouillon (m) | 육수 | yuk-su |
| sandwich (m) | 샌드위치 | saen-deu-wi-chi |

| les œufs brouillés | 계란후라이 | gye-ran-hu-ra-i |
| hamburger (m) | 햄버거 | haem-beo-geo |
| steak (m) | 비프스테이크 | bi-peu-seu-te-i-keu |

| garniture (f) | 사이드 메뉴 | sa-i-deu me-nyu |
| spaghettis (m pl) | 스파게티 | seu-pa-ge-ti |
| purée (f) | 으깬 감자 | eu-kkaen gam-ja |
| pizza (f) | 피자 | pi-ja |
| bouillie (f) | 죽 | juk |
| omelette (f) | 오믈렛 | o-meul-let |

| cuit à l'eau (adj) | 삶은 | sal-meun |
| fumé (adj) | 훈제된 | hun-je-doen |
| frit (adj) | 튀긴 | twi-gin |
| sec (adj) | 말린 | mal-lin |
| congelé (adj) | 얼린 | eol-lin |
| mariné (adj) | 초절인 | cho-jeo-rin |

| sucré (adj) | 단 | dan |
| salé (adj) | 짠 | jjan |
| froid (adj) | 차가운 | cha-ga-un |
| chaud (adj) | 뜨거운 | tteu-geo-un |
| amer (adj) | 쓴 | sseun |
| bon (savoureux) | 맛있는 | man-nin-neun |

| cuire à l'eau | 삶다 | sam-da |
| préparer (le dîner) | 요리하다 | yo-ri-ha-da |
| faire frire | 부치다 | bu-chi-da |
| réchauffer (vt) | 데우다 | de-u-da |

| saler (vt) | 소금을 넣다 | so-geu-meul leo-ta |
| poivrer (vt) | 후추를 넣다 | hu-chu-reul leo-ta |
| râper (vt) | 강판에 갈다 | gang-pa-ne gal-da |
| peau (f) | 껍질 | kkeop-jil |
| éplucher (vt) | 껍질 벗기다 | kkeop-jil beot-gi-da |

## 47. Les épices

| sel (m) | 소금 | so-geum |
| salé (adj) | 짜 | jja |
| saler (vt) | 소금을 넣다 | so-geu-meul leo-ta |

| poivre (m) noir | 후추 | hu-chu |
| poivre (m) rouge | 고춧가루 | go-chut-ga-ru |
| moutarde (f) | 겨자 | gyeo-ja |
| raifort (m) | 고추냉이 | go-chu-naeng-i |

| condiment (m) | 양념 | yang-nyeom |
| épice (f) | 향료 | hyang-nyo |
| sauce (f) | 소스 | so-seu |
| vinaigre (m) | 식초 | sik-cho |

| anis (m) | 아니스 | a-ni-seu |
| basilic (m) | 바질 | ba-jil |

| clou (m) de girofle | 정향 | jeong-hyang |
| gingembre (m) | 생강 | saeng-gang |
| coriandre (m) | 고수 | go-su |
| cannelle (f) | 계피 | gye-pi |

| sésame (m) | 깨 | kkae |
| feuille (f) de laurier | 월계수잎 | wol-gye-su-ip |
| paprika (m) | 파프리카 | pa-peu-ri-ka |
| cumin (m) | 캐러웨이 | kae-reo-we-i |
| safran (m) | 사프란 | sa-peu-ran |

## 48. Les repas

| nourriture (f) | 음식 | eum-sik |
| manger (vi, vt) | 먹다 | meok-da |

| petit déjeuner (m) | 아침식사 | a-chim-sik-sa |
| prendre le petit déjeuner | 아침을 먹다 | a-chi-meul meok-da |
| déjeuner (m) | 점심식사 | jeom-sim-sik-sa |
| déjeuner (vi) | 점심을 먹다 | jeom-si-meul meok-da |
| dîner (m) | 저녁식사 | jeo-nyeok-sik-sa |
| dîner (vi) | 저녁을 먹다 | jeo-nyeo-geul meok-da |

| appétit (m) | 식욕 | si-gyok |
| Bon appétit! | 맛있게 드십시오! | man-nit-ge deu-sip-si-o! |

| ouvrir (vt) | 열다 | yeol-da |
| renverser (liquide) | 엎지르다 | eop-ji-reu-da |
| se renverser (liquide) | 쏟아지다 | sso-da-ji-da |

| bouillir (vi) | 끓다 | kkeul-ta |
| faire bouillir | 끓이다 | kkeu-ri-da |
| bouilli (l'eau ~e) | 끓인 | kkeu-rin |

| refroidir (vt) | 식히다 | sik-i-da |
| se refroidir (vp) | 식다 | sik-da |

| goût (m) | 맛 | mat |
| arrière-goût (m) | 뒷 맛 | dwit mat |

| suivre un régime | 살을 빼다 | sa-reul ppae-da |
| régime (m) | 다이어트 | da-i-eo-teu |
| vitamine (f) | 비타민 | bi-ta-min |
| calorie (f) | 칼로리 | kal-lo-ri |

| végétarien (m) | 채식주의자 | chae-sik-ju-ui-ja |
| végétarien (adj) | 채식주의의 | chae-sik-ju-ui-ui |

| lipides (m pl) | 지방 | ji-bang |
| protéines (f pl) | 단백질 | dan-baek-jil |
| glucides (m pl) | 탄수화물 | tan-su-hwa-mul |
| tranche (f) | 조각 | jo-gak |
| morceau (m) | 조각 | jo-gak |
| miette (f) | 부스러기 | bu-seu-reo-gi |

## 49. Le dressage de la table

| | | |
|---|---|---|
| cuillère (f) | 숟가락 | sut-ga-rak |
| couteau (m) | 나이프 | na-i-peu |
| fourchette (f) | 포크 | po-keu |
| tasse (f) | 컵 | keop |
| assiette (f) | 접시 | jeop-si |
| soucoupe (f) | 받침 접시 | bat-chim jeop-si |
| serviette (f) | 냅킨 | naep-kin |
| cure-dent (m) | 이쑤시개 | i-ssu-si-gae |

## 50. Le restaurant

| | | |
|---|---|---|
| restaurant (m) | 레스토랑 | re-seu-to-rang |
| salon (m) de café | 커피숍 | keo-pi-syop |
| bar (m) | 바 | ba |
| salon (m) de thé | 카페, 티룸 | ka-pe, ti-rum |
| serveur (m) | 웨이터 | we-i-teo |
| serveuse (f) | 웨이트리스 | we-i-teu-ri-seu |
| barman (m) | 바텐더 | ba-ten-deo |
| carte (f) | 메뉴판 | me-nyu-pan |
| carte (f) des vins | 와인 메뉴 | wa-in me-nyu |
| réserver une table | 테이블 예약을 하다 | te-i-beul rye-ya-geul ha-da |
| plat (m) | 요리, 코스 | yo-ri, ko-seu |
| commander (vt) | 주문하다 | ju-mun-ha-da |
| faire la commande | 주문을 하다 | ju-mu-neul ha-da |
| apéritif (m) | 아페리티프 | a-pe-ri-ti-peu |
| hors-d'œuvre (m) | 애피타이저 | ae-pi-ta-i-jeo |
| dessert (m) | 디저트 | di-jeo-teu |
| addition (f) | 계산서 | gye-san-seo |
| régler l'addition | 계산하다 | gye-san-ha-da |
| rendre la monnaie | 거스름돈을 주다 | geo-seu-reum-do-neul ju-da |
| pourboire (m) | 팁 | tip |

# La famille. Les parents. Les amis

## 51. Les données personnelles. Les formulaires

| | | |
|---|---|---|
| prénom (m) | 이름 | i-reum |
| nom (m) de famille | 성 | seong |
| date (f) de naissance | 생년월일 | saeng-nyeon-wo-ril |
| lieu (m) de naissance | 탄생지 | tan-saeng-ji |
| nationalité (f) | 국적 | guk-jeok |
| domicile (m) | 거소 | geo-so |
| pays (m) | 나라 | na-ra |
| profession (f) | 직업 | ji-geop |
| sexe (m) | 성별 | seong-byeol |
| taille (f) | 키 | ki |
| poids (m) | 몸무게 | mom-mu-ge |

## 52. La famille. Les liens de parenté

| | | |
|---|---|---|
| mère (f) | 어머니 | eo-meo-ni |
| père (m) | 아버지 | a-beo-ji |
| fils (m) | 아들 | a-deul |
| fille (f) | 딸 | ttal |
| fille (f) cadette | 작은딸 | ja-geun-ttal |
| fils (m) cadet | 작은아들 | ja-geun-a-deul |
| fille (f) aînée | 맏딸 | mat-ttal |
| fils (m) aîné | 맏아들 | ma-da-deul |
| frère (m) | 형제 | hyeong-je |
| sœur (f) | 자매 | ja-mae |
| cousin (m) | 사촌 형제 | sa-chon hyeong-je |
| cousine (f) | 사촌 자매 | sa-chon ja-mae |
| maman (f) | 엄마 | eom-ma |
| papa (m) | 아빠 | a-ppa |
| parents (m pl) | 부모 | bu-mo |
| enfant (m, f) | 아이, 아동 | a-i, a-dong |
| enfants (pl) | 아이들 | a-i-deul |
| grand-mère (f) | 할머니 | hal-meo-ni |
| grand-père (m) | 할아버지 | ha-ra-beo-ji |
| petit-fils (m) | 손자 | son-ja |
| petite-fille (f) | 손녀 | son-nyeo |
| petits-enfants (pl) | 손자들 | son-ja-deul |
| oncle (m) | 삼촌 | sam-chon |
| neveu (m) | 조카 | jo-ka |

| | | |
|---|---|---|
| nièce (f) | 조카딸 | jo-ka-ttal |
| belle-mère (f) | 장모 | jang-mo |
| beau-père (m) | 시아버지 | si-a-beo-ji |
| gendre (m) | 사위 | sa-wi |
| belle-mère (f) | 계모 | gye-mo |
| beau-père (m) | 계부 | gye-bu |
| | | |
| nourrisson (m) | 영아 | yeong-a |
| bébé (m) | 아기 | a-gi |
| petit (m) | 꼬마 | kko-ma |
| | | |
| femme (f) | 아내 | a-nae |
| mari (m) | 남편 | nam-pyeon |
| époux (m) | 배우자 | bae-u-ja |
| épouse (f) | 배우자 | bae-u-ja |
| | | |
| marié (adj) | 결혼한 | gyeol-hon-han |
| mariée (adj) | 결혼한 | gyeol-hon-han |
| célibataire (adj) | 미혼의 | mi-hon-ui |
| célibataire (m) | 미혼 남자 | mi-hon nam-ja |
| divorcé (adj) | 이혼한 | i-hon-han |
| veuve (f) | 과부 | gwa-bu |
| veuf (m) | 홀아비 | ho-ra-bi |
| | | |
| parent (m) | 친척 | chin-cheok |
| parent (m) proche | 가까운 친척 | ga-kka-un chin-cheok |
| parent (m) éloigné | 먼 친척 | meon chin-cheok |
| parents (m pl) | 친척들 | chin-cheok-deul |
| | | |
| orphelin (m), orpheline (f) | 고아 | go-a |
| tuteur (m) | 후견인 | hu-gyeon-in |
| adopter (un garçon) | 입양하다 | i-byang-ha-da |
| adopter (une fille) | 입양하다 | i-byang-ha-da |

## 53. Les amis. Les collègues

| | | |
|---|---|---|
| ami (m) | 친구 | chin-gu |
| amie (f) | 친구 | chin-gu |
| amitié (f) | 우정 | u-jeong |
| être ami | 사귀다 | sa-gwi-da |
| | | |
| copain (m) | 벗 | beot |
| copine (f) | 벗 | beot |
| partenaire (m) | 파트너 | pa-teu-neo |
| | | |
| chef (m) | 상사 | sang-sa |
| supérieur (m) | 윗사람 | wit-sa-ram |
| subordonné (m) | 부하 | bu-ha |
| collègue (m, f) | 동료 | dong-nyo |
| | | |
| connaissance (f) | 아는 사람 | a-neun sa-ram |
| compagnon (m) de route | 동행자 | dong-haeng-ja |
| copain (m) de classe | 동급생 | dong-geup-saeng |
| voisin (m) | 이웃 | i-ut |

| voisine (f) | 이웃 | i-ut |
| voisins (m pl) | 이웃들 | i-ut-deul |

## 54. L'homme. La femme

| femme (f) | 여자 | yeo-ja |
| jeune fille (f) | 소녀, 아가씨 | so-nyeo, a-ga-ssi |
| fiancée (f) | 신부 | sin-bu |
| belle (adj) | 아름다운 | a-reum-da-un |
| de grande taille | 키가 큰 | ki-ga keun |
| svelte (adj) | 날씬한 | nal-ssin-han |
| de petite taille | 키가 작은 | ki-ga ja-geun |
| blonde (f) | 블론드 여자 | beul-lon-deu yeo-ja |
| brune (f) | 갈색머리 여성 | gal-saeng-meo-ri yeo-seong |
| de femme (adj) | 여성의 | yeo-seong-ui |
| vierge (f) | 처녀 | cheo-nyeo |
| enceinte (adj) | 임신한 | im-sin-han |
| homme (m) | 남자 | nam-ja |
| blond (m) | 블론드 남자 | beul-lon-deu nam-ja |
| brun (m) | 갈색머리 남자 | gal-saeng-meo-ri nam-ja |
| de grande taille | 키가 큰 | ki-ga keun |
| de petite taille | 키가 작은 | ki-ga ja-geun |
| rude (adj) | 무례한 | mu-rye-han |
| trapu (adj) | 땅딸막한 | ttang-ttal-mak-an |
| robuste (adj) | 강건한 | gang-han |
| fort (adj) | 강한 | gang-han |
| force (f) | 힘 | him |
| gros (adj) | 뚱뚱한 | ttung-ttung-han |
| basané (adj) | 거무스레한 | geo-mu-seu-re-han |
| svelte (adj) | 날씬한 | nal-ssin-han |
| élégant (adj) | 우아한 | u-a-han |

## 55. L'age

| âge (m) | 나이 | na-i |
| jeunesse (f) | 청년시절 | cheong-nyeon-si-jeol |
| jeune (adj) | 젊은 | jeol-meun |
| plus jeune (adj) | 더 젊은 | deo jeol-meun |
| plus âgé (adj) | 더 나이 든 | deo na-i deun |
| jeune homme (m) | 젊은 분 | jeol-meun bun |
| adolescent (m) | 청소년 | cheong-so-nyeon |
| gars (m) | 사내 | sa-nae |
| vieillard (m) | 노인 | no-in |
| vieille femme (f) | 노인 | no-in |

| adulte (m) | 어른 | eo-reun |
| d'âge moyen (adj) | 중년의 | jung-nyeo-nui |
| âgé (adj) | 나이 든 | na-i deun |
| vieux (adj) | 늙은 | neul-geun |

| retraite (f) | 은퇴 | eun-toe |
| prendre sa retraite | 은퇴하다 | eun-toe-ha-da |
| retraité (m) | 은퇴자 | eun-toe-ja |

## 56. Les enfants. Les adolescents

| enfant (m, f) | 아이, 아동 | a-i, a-dong |
| enfants (pl) | 아이들 | a-i-deul |
| jumeaux (m pl) | 쌍둥이 | ssang-dung-i |

| berceau (m) | 요람 | yo-ram |
| hochet (m) | 딸랑이 | ttal-lang-i |
| couche (f) | 기저귀 | gi-jeo-gwi |

| tétine (f) | 젖꼭지 | jeot-kkok-ji |
| poussette (m) | 유모차 | yu-mo-cha |
| école (f) maternelle | 유치원 | yu-chi-won |
| baby-sitter (m, f) | 애기보는 사람 | ae-gi-bo-neun sa-ram |

| enfance (f) | 유년 | yu-nyeon |
| poupée (f) | 인형 | in-hyeong |
| jouet (m) | 장난감 | jang-nan-gam |
| jeu (m) de construction | 블록 장난감 | beul-lok jang-nan-gam |

| bien élevé (adj) | 잘 교육받은 | jal gyo-yuk-ba-deun |
| mal élevé (adj) | 잘못 키운 | jal-mot ki-un |
| gâté (adj) | 버릇없는 | beo-reus-eom-neun |

| faire le vilain | 짓궂다 | jit-gut-da |
| vilain (adj) | 장난기 있는 | jang-nan-gi in-neun |
| espièglerie (f) | 장난기 | jang-nan-gi |
| vilain (m) | 장난꾸러기 | jang-nan-kku-reo-gi |

| obéissant (adj) | 말 잘 듣는 | mal jal deun-neun |
| désobéissant (adj) | 반항적인 | ban-hang-jeo-gin |

| sage (adj) | 유순한 | yu-sun-han |
| intelligent (adj) | 영리한 | yeong-ni-han |
| l'enfant prodige | 신동 | sin-dong |

## 57. Les couples mariés. La vie de famille

| embrasser (sur les lèvres) | 키스하다 | ki-seu-ha-da |
| s'embrasser (vp) | 입을 맞추다 | i-beul mat-chu-da |
| famille (f) | 가족 | ga-jok |
| familial (adj) | 가족의 | ga-jo-gui |
| couple (m) | 부부 | bu-bu |

| mariage (m) (~ civil) | 결혼 | gyeol-hon |
| foyer (m) familial | 따뜻한 가정 | tta-tteu-tan ga-jeong |
| dynastie (f) | 혈통 | hyeol-tong |

| rendez-vous (m) | 데이트 | de-i-teu |
| baiser (m) | 키스 | ki-seu |

| amour (m) | 사랑 | sa-rang |
| aimer (qn) | 사랑하다 | sa-rang-ha-da |
| aimé (adj) | 사랑받는 | sa-rang-ban-neun |

| tendresse (f) | 상냥함 | sang-nyang-ham |
| tendre (affectueux) | 자상한 | ja-sang-han |
| fidélité (f) | 성실 | seong-sil |
| fidèle (adj) | 성실한 | seong-sil-han |
| soin (m) (~ de qn) | 배려 | bae-ryeo |
| attentionné (adj) | 배려하는 | bae-ryeo-ha-neun |

| jeunes mariés (pl) | 신혼 부부 | sin-hon bu-bu |
| lune (f) de miel | 허니문 | heo-ni-mun |
| se marier (prendre pour époux) | 결혼하다 | gyeol-hon-ha-da |
| se marier (prendre pour épouse) | 결혼하다 | gyeol-hon-ha-da |

| mariage (m) | 결혼식 | gyeol-hon-sik |
| anniversaire (m) | 기념일 | gi-nyeom-il |

| amant (m) | 애인 | ae-in |
| maîtresse (f) | 정부 | jeong-bu |

| adultère (m) | 불륜 | bul-lyun |
| commettre l'adultère | 바람을 피우다 | ba-ra-meul pi-u-da |
| jaloux (adj) | 질투하는 | jil-tu-ha-neun |
| être jaloux | 질투하다 | jil-tu-ha-da |
| divorce (m) | 이혼 | i-hon |
| divorcer (vi) | 이혼하다 | i-hon-ha-da |

| se disputer (vp) | 다투다 | da-tu-da |
| se réconcilier (vp) | 화해하다 | hwa-hae-ha-da |
| ensemble (adv) | 같이 | ga-chi |
| sexe (m) | 섹스 | sek-seu |

| bonheur (m) | 행복 | haeng-bok |
| heureux (adj) | 행복한 | haeng-bok-an |
| malheur (m) | 불행 | bul-haeng |
| malheureux (adj) | 불행한 | bul-haeng-han |

# Le caractère. Les émotions

## 58. Les sentiments. Les émotions

| | | |
|---|---|---|
| sentiment (m) | 감정 | gam-jeong |
| sentiments (m pl) | 감정 | gam-jeong |
| sentir (vt) | 느끼다 | neu-kki-da |
| | | |
| faim (f) | 배고픔 | bae-go-peum |
| avoir faim | 배가 고프다 | bae-ga go-peu-da |
| soif (f) | 목마름 | mong-ma-reum |
| avoir soif | 목마르다 | mong-ma-reu-da |
| somnolence (f) | 졸음 | jo-reum |
| avoir sommeil | 졸리다 | jol-li-da |
| | | |
| fatigue (f) | 피로 | pi-ro |
| fatigué (adj) | 피곤한 | pi-gon-han |
| être fatigué | 피곤하다 | pi-gon-ha-da |
| | | |
| humeur (f) (de bonne ~) | 기분 | gi-bun |
| ennui (m) | 지루함 | ji-ru-ham |
| s'ennuyer (vp) | 심심하다 | sim-sim-ha-da |
| solitude (f) | 은둔 생활 | eun-dun saeng-hwal |
| s'isoler (vp) | 고적하게 살다 | go-jeok-a-ge sal-da |
| | | |
| inquiéter (vt) | 걱정하게 만들다 | geok-jeong-ha-ge man-deul-da |
| s'inquiéter (vp) | 걱정하다 | geok-jeong-ha-da |
| inquiétude (f) | 걱정 | geok-jeong |
| préoccupation (f) | 심려 | sim-nyeo |
| soucieux (adj) | 사로잡힌 | sa-ro-ja-pin |
| s'énerver (vp) | 긴장하다 | gin-jang-ha-da |
| paniquer (vi) | 공황 상태에 빠지다 | gong-hwang sang-tae-e ppa-ji-da |
| | | |
| espoir (m) | 희망 | hui-mang |
| espérer (vi) | 희망하다 | hui-mang-ha-da |
| | | |
| certitude (f) | 확실 | hwak-sil |
| certain (adj) | 확실한 | hwak-sil-han |
| incertitude (f) | 불확실성 | bul-hwak-sil-seong |
| incertain (adj) | 불확실한 | bul-hwak-sil-han |
| | | |
| ivre (adj) | 취한 | chwi-han |
| sobre (adj) | 술 취하지 않은 | sul chwi-ha-ji a-neun |
| faible (adj) | 약한 | yak-an |
| heureux (adj) | 행복한 | haeng-bok-an |
| faire peur | 겁주다 | geop-ju-da |
| fureur (f) | 격분 | gyeok-bun |
| rage (f), colère (f) | 격노 | gyeong-no |

| | | |
|---|---|---|
| dépression (f) | 우울함 | u-ul-ham |
| inconfort (m) | 불편함 | bul-pyeon-ham |
| confort (m) | 안락 | al-lak |
| regretter (vt) | 후회하다 | hu-hoe-ha-da |
| regret (m) | 후회 | hu-hoe |
| malchance (f) | 불운 | bu-run |
| tristesse (f) | 슬픔 | seul-peum |
| | | |
| honte (f) | 부끄러움 | bu-kkeu-reo-um |
| joie, allégresse (f) | 기쁨, 반가움 | gi-ppeum, ban-ga-um |
| enthousiasme (m) | 열광, 열성 | yeol-gwang, yeol-seong |
| enthousiaste (m) | 열광자 | yeol-gwang-ja |
| avoir de l'enthousiasme | 열의를 보이다 | yeo-rui-reul bo-i-da |

## 59. Le caractère. La personnalité

| | | |
|---|---|---|
| caractère (m) | 성격 | seong-gyeok |
| défaut (m) | 성격결함 | seong-gyeok-gyeol-ham |
| esprit (m) | 마음 | ma-eum |
| raison (f) | 이성 | i-seong |
| | | |
| conscience (f) | 양심 | yang-sim |
| habitude (f) | 습관 | seup-gwan |
| capacité (f) | 능력 | neung-nyeok |
| savoir (faire qch) | 할 수 있다 | hal su it-da |
| | | |
| patient (adj) | 참을성 있는 | cha-meul-seong in-neun |
| impatient (adj) | 참을성 없는 | cha-meul-seong eom-neun |
| curieux (adj) | 호기심이 많은 | ho-gi-sim-i ma-neun |
| curiosité (f) | 호기심 | ho-gi-sim |
| | | |
| modestie (f) | 겸손 | gyeom-son |
| modeste (adj) | 겸손한 | gyeom-son-han |
| vaniteux (adj) | 자만하는 | ja-man-ha-neun |
| | | |
| paresseux (adj) | 게으른 | ge-eu-reun |
| paresseux (m) | 게으름뱅이 | ge-eu-reum-baeng-i |
| | | |
| astuce (f) | 교활 | gyo-hwal |
| rusé (adj) | 교활한 | gyo-hwal-han |
| méfiance (f) | 불신 | bul-sin |
| méfiant (adj) | 불신하는 | bul-sin-ha-neun |
| | | |
| générosité (f) | 관대함 | gwan-dae-ham |
| généreux (adj) | 관대한 | gwan-dae-han |
| doué (adj) | 재능이 있는 | jae-neung-i in-neun |
| talent (m) | 재능 | jae-neung |
| | | |
| courageux (adj) | 용감한 | yong-gam-han |
| courage (m) | 용기 | yong-gi |
| honnête (adj) | 정직한 | jeong-jik-an |
| honnêteté (f) | 정직 | jeong-jik |
| prudent (adj) | 주의깊은 | ju-ui-gi-peun |
| courageux (adj) | 용감한 | yong-gam-han |

| sérieux (adj) | 진지한 | jin-ji-han |
| sévère (adj) | 엄한 | eom-han |

| décidé (adj) | 과단성 있는 | gwa-dan-seong in-neun |
| indécis (adj) | 과단성 없는 | gwa-dan-seong eom-neun |
| timide (adj) | 소심한 | so-sim-han |
| timidité (f) | 소심 | so-sim |

| confiance (f) | 신뢰 | sil-loe |
| croire (qn) | 신뢰하다 | sil-loe-ha-da |
| confiant (adj) | 잘 믿는 | jal min-neun |

| sincèrement (adv) | 성실하게 | seong-sil-ha-ge |
| sincère (adj) | 성실한 | seong-sil-han |
| sincérité (f) | 성실 | seong-sil |
| ouvert (adj) | 열린 | yeol-lin |

| calme (adj) | 차분한 | cha-bun-han |
| franc (sincère) | 솔직한 | sol-jik-an |
| naïf (adj) | 순진한 | sun-jin-han |
| distrait (adj) | 건망증이 심한 | geon-mang-jeung-i sim-han |
| drôle, amusant (adj) | 웃긴 | ut-gin |

| avidité (f) | 욕심 | yok-sim |
| avare (adj) | 욕심 많은 | yok-sim ma-neun |
| radin (adj) | 인색한 | in-saek-an |
| méchant (adj) | 사악한 | sa-a-kan |
| têtu (adj) | 고집이 센 | go-ji-bi sen |
| désagréable (adj) | 불쾌한 | bul-kwae-han |

| égoïste (m) | 이기주의자 | i-gi-ju-ui-ja |
| égoïste (adj) | 이기적인 | i-gi-jeo-gin |
| peureux (m) | 비겁한 자, 겁쟁이 | bi-geo-pan ja, geop-jaeng-i |
| peureux (adj) | 비겁한 | bi-geo-pan |

## 60. Le sommeil. Les rêves

| dormir (vi) | 잠을 자다 | ja-meul ja-da |
| sommeil (m) | 잠 | jam |
| rêve (m) | 꿈 | kkum |
| rêver (en dormant) | 꿈을 꾸다 | kku-meul kku-da |
| endormi (adj) | 졸린 | jol-lin |

| lit (m) | 침대 | chim-dae |
| matelas (m) | 매트리스 | mae-teu-ri-seu |
| couverture (f) | 이불 | i-bul |
| oreiller (m) | 베개 | be-gae |
| drap (m) | 시트 | si-teu |

| insomnie (f) | 불면증 | bul-myeon-jeung |
| sans sommeil (adj) | 불면의 | bul-myeon-ui |
| somnifère (m) | 수면제 | su-myeon-je |
| prendre un somnifère | 수면제를 먹다 | su-myeon-je-reul meok-da |
| avoir sommeil | 졸리다 | jol-li-da |

| bâiller (vi) | 하품하다 | ha-pum-ha-da |
| aller se coucher | 잠자리에 들다 | jam-ja-ri-e deul-da |
| faire le lit | 침대를 정리하다 | chim-dae-reul jeong-ni-ha-da |
| s'endormir (vp) | 잠들다 | jam-deul-da |

| cauchemar (m) | 악몽 | ang-mong |
| ronflement (m) | 코골기 | ko-gol-gi |
| ronfler (vi) | 코를 골다 | ko-reul gol-da |

| réveil (m) | 알람 시계 | al-lam si-gye |
| réveiller (vt) | 깨우다 | kkae-u-da |
| se réveiller (vp) | 깨다 | kkae-da |
| se lever (tôt, tard) | 일어나다 | i-reo-na-da |
| se laver (le visage) | 세수하다 | se-su-ha-da |

## 61. L'humour. Le rire. La joie

| humour (m) | 유머 | yu-meo |
| sens (m) de l'humour | 유머 감각 | yu-meo gam-gak |
| s'amuser (vp) | 즐기다 | jeul-gi-da |
| joyeux (adj) | 명랑한 | myeong-nang-han |
| joie, allégresse (f) | 즐거움 | jeul-geo-um |

| sourire (m) | 미소 | mi-so |
| sourire (vi) | 미소를 짓다 | mi-so-reul jit-da |
| se mettre à rire | 웃기 시작하다 | ut-gi si-jak-a-da |
| rire (vi) | 웃다 | ut-da |
| rire (m) | 웃음 | us-eum |

| anecdote (f) | 일화 | il-hwa |
| drôle, amusant (adj) | 웃긴 | ut-gin |
| comique, ridicule (adj) | 웃긴 | ut-gin |

| plaisanter (vi) | 농담하다 | nong-dam-ha-da |
| plaisanterie (f) | 농담 | nong-dam |
| joie (f) (émotion) | 기쁜, 즐거움 | gi-ppeun, jeul-geo-um |
| se réjouir (vp) | 기뻐하다 | gi-ppeo-ha-da |
| joyeux (adj) | 기쁜 | gi-ppeun |

## 62. Dialoguer et communiquer. Partie 1

| communication (f) | 의사소통 | ui-sa-so-tong |
| communiquer (vi) | 연락을 주고받다 | yeol-la-geul ju-go-bat-da |

| conversation (f) | 대화 | dae-hwa |
| dialogue (m) | 대화 | dae-hwa |
| discussion (f) (débat) | 논의 | non-ui |
| débat (m) | 언쟁 | eon-jaeng |
| discuter (vi) | 언쟁하다 | eon-jaeng-ha-da |

| interlocuteur (m) | 대화 상대 | dae-hwa sang-dae |
| sujet (m) | 주제 | ju-je |

| | | |
|---|---|---|
| point (m) de vue | 관점 | gwan-jeom |
| opinion (f) | 의견 | ui-gyeon |
| discours (m) | 연설 | yeon-seol |
| | | |
| discussion (f) (d'un rapport) | 의논 | ui-non |
| discuter (vt) | 의논하다 | ui-non-ha-da |
| conversation (f) | 대화 | dae-hwa |
| converser (vi) | 대화하다 | i-ya-gi-ha-da |
| rencontre (f) | 회의 | hoe-ui |
| se rencontrer (vp) | 만나다 | man-na-da |
| | | |
| proverbe (m) | 속담 | sok-dam |
| dicton (m) | 속담 | sok-dam |
| devinette (f) | 수수께끼 | su-su-kke-kki |
| poser une devinette | 수수께끼를 내다 | su-su-kke-kki-reul lae-da |
| mot (m) de passe | 비밀번호 | bi-mil-beon-ho |
| secret (m) | 비밀 | bi-mil |
| | | |
| serment (m) | 맹세 | maeng-se |
| jurer (de faire qch) | 맹세하다 | maeng-se-ha-da |
| promesse (f) | 약속 | yak-sok |
| promettre (vt) | 약속하다 | yak-sok-a-da |
| | | |
| conseil (m) | 조언 | jo-eon |
| conseiller (vt) | 조언하다 | jo-eon-ha-da |
| écouter (~ ses parents) | … 를 따르다 | … reul tta-reu-da |
| | | |
| nouvelle (f) | 소식 | so-sik |
| sensation (f) | 센세이션 | sen-se-i-syeon |
| renseignements (m pl) | 정보 | jeong-bo |
| conclusion (f) | 결론 | gyeol-lon |
| voix (f) | 목소리 | mok-so-ri |
| compliment (m) | 칭찬 | ching-chan |
| aimable (adj) | 친절한 | chin-jeol-han |
| | | |
| mot (m) | 단어 | dan-eo |
| phrase (f) | 어구 | eo-gu |
| réponse (f) | 대답 | dae-dap |
| | | |
| vérité (f) | 진리 | jil-li |
| mensonge (m) | 거짓말 | geo-jin-mal |
| | | |
| pensée (f) | 생각 | saeng-gak |
| idée (f) | 관념 | gwan-nyeom |
| fantaisie (f) | 판타지 | pan-ta-ji |

## 63. Dialoguer et communiquer. Partie 2

| | | |
|---|---|---|
| respecté (adj) | 존경받는 | jon-gyeong-ban-neun |
| respecter (vt) | 존경하다 | jon-gyeong-ha-da |
| respect (m) | 존경 | jon-gyeong |
| Cher … | 친애하는 … | chin-ae-ha-neun … |
| présenter (faire connaître) | 소개하다 | so-gae-ha-da |
| intention (f) | 의도 | ui-do |

| | | |
|---|---|---|
| avoir l'intention | 의도하다 | ui-do-ha-da |
| souhait (m) | 바람 | ba-ram |
| souhaiter (vt) | 바라다 | ba-ra-da |
| | | |
| étonnement (m) | 놀라움 | nol-la-um |
| étonner (vt) | 놀라게 하다 | nol-la-ge ha-da |
| s'étonner (vp) | 놀라다 | nol-la-da |
| | | |
| donner (vt) | 주다 | ju-da |
| prendre (vt) | 잡다 | jap-da |
| rendre (vt) | 돌려주다 | dol-lyeo-ju-da |
| retourner (vt) | 돌려주다 | dol-lyeo-ju-da |
| | | |
| s'excuser (vp) | 사과하다 | sa-gwa-ha-da |
| excuse (f) | 사과 | sa-gwa |
| pardonner (vt) | 용서하다 | yong-seo-ha-da |
| | | |
| parler (~ avec qn) | 말하다 | mal-ha-da |
| écouter (vt) | 듣다 | deut-da |
| écouter jusqu'au bout | 끝까지 듣다 | kkeut-kka-ji deut-da |
| comprendre (vt) | 이해하다 | i-hae-ha-da |
| | | |
| montrer (vt) | 보여주다 | bo-yeo-ju-da |
| regarder (vt) | … 를 보다 | … reul bo-da |
| appeler (vt) | 부르다 | bu-reu-da |
| ennuyer (déranger) | 방해하다 | bang-hae-ha-da |
| passer (~ le message) | 건네주다 | geon-ne-ju-da |
| | | |
| prière (f) (demande) | 요청 | yo-cheong |
| demander (vt) | 부탁하다 | bu-tak-a-da |
| exigence (f) | 요구 | yo-gu |
| exiger (vt) | 요구하다 | yo-gu-ha-da |
| | | |
| taquiner (vt) | 놀리다 | nol-li-da |
| se moquer (vp) | 조롱하다 | jo-rong-ha-da |
| moquerie (f) | 조롱, 조소 | jo-rong, jo-so |
| surnom (m) | 별명 | byeol-myeong |
| | | |
| allusion (f) | 암시 | am-si |
| faire allusion | 암시하다 | am-si-ha-da |
| sous-entendre (vt) | 의미하다 | ui-mi-ha-da |
| | | |
| description (f) | 서술 | seo-sul |
| décrire (vt) | 서술하다 | seo-sul-ha-da |
| | | |
| éloge (m) | 칭찬 | ching-chan |
| louer (vt) | 칭찬하다 | ching-chan-ha-da |
| | | |
| déception (f) | 실망 | sil-mang |
| décevoir (vt) | 실망시키다 | sil-mang-si-ki-da |
| être déçu | 실망하다 | sil-mang-ha-da |
| | | |
| supposition (f) | 추측 | chu-cheuk |
| supposer (vt) | 추측하다 | chu-cheuk-a-da |
| avertissement (m) | 경고 | gyeong-go |
| prévenir (vt) | 경고하다 | gyeong-go-ha-da |

## 64. Dialoguer et communiquer. Partie 3

| | | |
|---|---|---|
| convaincre (vt) | 설득하다 | seol-deu-ka-da |
| calmer (vt) | 진정시키다 | jin-jeong-si-ki-da |
| | | |
| silence (m) (~ est d'or) | 침묵 | chim-muk |
| rester silencieux | 침묵을 지키다 | chim-mu-geul ji-ki-da |
| chuchoter (vi, vt) | 속삭이다 | sok-sa-gi-da |
| chuchotement (m) | 속삭임 | sok-sa-gim |
| | | |
| sincèrement (adv) | 솔직하게 | sol-jik-a-ge |
| à mon avis ... | 내 생각에 ··· | nae saeng-ga-ge ... |
| | | |
| détail (m) (d'une histoire) | 세부 | se-bu |
| détaillé (adj) | 자세한 | ja-se-han |
| en détail (adv) | 자세하게 | ja-se-ha-ge |
| | | |
| indice (m) | 단서 | dan-seo |
| donner un indice | 힌트를 주다 | hin-teu-reul ju-da |
| | | |
| regard (m) | 훑짓 봄 | heul-kkit bom |
| jeter un coup d'oeil | 보다 | bo-da |
| fixe (un regard ~) | 고정된 | go-jeong-doen |
| clignoter (vi) | 눈을 깜빡이다 | nu-neul kkam-ppa-gi-da |
| cligner de l'oeil | 눈짓하다 | nun-ji-ta-da |
| hocher la tête | 끄덕이다 | kkeu-deo-gi-da |
| | | |
| soupir (m) | 한숨 | han-sum |
| soupirer (vi) | 한숨을 쉬다 | han-su-meul swi-da |
| tressaillir (vi) | 몸을 떨다 | mo-meul tteol-da |
| geste (m) | 손짓 | son-jit |
| toucher (de la main) | 만지다 | man-ji-da |
| saisir (par le bras) | 잡다 | jap-da |
| taper (sur l'épaule) | 툭 치다 | tuk chi-da |
| | | |
| Attention! | 조심! | jo-sim! |
| Vraiment? | 정말? | jeong-mal? |
| Tu es sûr? | 확실해요? | hwak-sil-hae-yo? |
| Bonne chance! | 행운을 빕니다! | haeng-u-neul bim-ni-da! |
| Compris! | 알겠어요! | al-ge-seo-yo! |
| Dommage! | 유감이에요! | yu-ga-mi-e-yo! |

## 65. L'accord. Le refus

| | | |
|---|---|---|
| accord (m) | 동의 | dong-ui |
| être d'accord | 동의하다 | dong-ui-ha-da |
| approbation (f) | 찬성 | chan-seong |
| approuver (vt) | 찬성하다 | chan-seong-ha-da |
| refus (m) | 거절 | geo-jeol |
| se refuser (vp) | 거절하다 | geo-jeol-ha-da |
| | | |
| Super! | 좋아요! | jo-a-yo! |
| Bon! | 좋아요! | jo-a-yo! |

| D'accord! | 그래요! | geu-rae-yo! |
| interdit (adj) | 금지된 | geum-ji-doen |
| c'est interdit | 금지되어 있다 | geum-ji-doe-eo it-da |
| c'est impossible | 불가능하다 | bul-ga-neung-ha-da |
| incorrect (adj) | 틀린 | teul-lin |
| décliner (vt) | 거부하다 | geo-bu-ha-da |
| soutenir (vt) | 지지하다 | ji-ji-ha-da |
| accepter (condition, etc.) | 받아들이다 | ba-da-deu-ri-da |
| confirmer (vt) | 확인해 주다 | hwa-gin-hae ju-da |
| confirmation (f) | 확인 | hwa-gin |
| permission (f) | 허락 | heo-rak |
| permettre (vt) | 허가하다 | heo-ga-ha-da |
| décision (f) | 결정 | gyeol-jeong |
| ne pas dire un mot | 아무 말도 않다 | a-mu mal-do an-ta |
| condition (f) | 조건 | jo-geon |
| excuse (f) (prétexte) | 핑계 | ping-gye |
| éloge (m) | 칭찬 | ching-chan |
| louer (vt) | 칭찬하다 | ching-chan-ha-da |

## 66. La réussite. La chance. L'échec

| succès (m) | 성공 | seong-gong |
| avec succès (adv) | 성공적으로 | seong-gong-jeo-geu-ro |
| réussi (adj) | 성공적인 | seong-gong-jeo-gin |
| chance (f) | 운 | un |
| Bonne chance! | 행운을 빕니다! | haeng-u-neul bim-ni-da! |
| de chance (jour ~) | 운이 좋은 | un-i jo-eun |
| chanceux (adj) | 운이 좋은 | un-i jo-eun |
| échec (m) | 실패 | sil-pae |
| infortune (f) | 불운 | bu-run |
| malchance (f) | 불운 | bu-run |
| raté (adj) | 성공적이지 못한 | seong-gong-jeo-gi-ji mo-tan |
| catastrophe (f) | 재난 | jae-nan |
| fierté (f) | 자존심 | ja-jon-sim |
| fier (adj) | 자존심 강한 | ja-jon-sim gang-han |
| être fier | 득의만면이다 | deu-gui-man-myeon-i-da |
| gagnant (m) | 승리자 | seung-ni-ja |
| gagner (vi) | 이기다 | i-gi-da |
| perdre (vi) | 지다 | ji-da |
| tentative (f) | 사실, 시도 | sa-sil, si-do |
| essayer (vt) | 해보다 | hae-bo-da |
| chance (f) | 기회 | gi-hoe |

## 67. Les disputes. Les émotions négatives

| cri (m) | 고함 | go-ham |
| crier (vi) | 소리치다 | so-ri-chi-da |

| | | |
|---|---|---|
| dispute (f) | 싸움 | ssa-um |
| se disputer (vp) | 다투다 | da-tu-da |
| scandale (m) (dispute) | 싸움 | ssa-um |
| faire un scandale | 싸움을 하다 | ssa-u-meul ha-da |
| conflit (m) | 갈등 | gal-deung |
| malentendu (m) | 오해 | o-hae |
| | | |
| insulte (f) | 모욕 | mo-yok |
| insulter (vt) | 모욕하다 | mo-yok-a-da |
| insulté (adj) | 모욕 당한 | mo-yok dang-han |
| offense (f) | 분노 | bun-no |
| offenser (vt) | 모욕하다 | mo-yok-a-da |
| s'offenser (vp) | 약오르다 | ya-go-reu-da |
| | | |
| indignation (f) | 분개 | bun-gae |
| s'indigner (vp) | 분개하다 | bun-gae-ha-da |
| plainte (f) | 불평 | bul-pyeong |
| se plaindre (vp) | 불평하다 | bul-pyeong-ha-da |
| | | |
| excuse (f) | 사과 | sa-gwa |
| s'excuser (vp) | 사과하다 | sa-gwa-ha-da |
| demander pardon | 용서를 빌다 | yong-seo-reul bil-da |
| | | |
| critique (f) | 비판 | bi-pan |
| critiquer (vt) | 비판하다 | bi-pan-ha-da |
| accusation (f) | 비난 | bi-nan |
| accuser (vt) | 비난하다 | bi-nan-ha-da |
| | | |
| vengeance (f) | 복수 | bok-su |
| se venger (vp) | 복수하다 | bok-su-ha-da |
| faire payer (qn) | 갚아주다 | ga-pa-ju-da |
| | | |
| mépris (m) | 경멸 | gyeong-myeol |
| mépriser (vt) | 경멸하다 | gyeong-myeol-ha-da |
| haine (f) | 증오 | jeung-o |
| haïr (vt) | 증오하다 | jeung-o-ha-da |
| | | |
| nerveux (adj) | 긴장한 | gin-jang-han |
| s'énerver (vp) | 긴장하다 | gin-jang-ha-da |
| fâché (adj) | 화가 난 | hwa-ga nan |
| fâcher (vt) | 화나게 하다 | hwa-na-ge ha-da |
| | | |
| humiliation (f) | 굴욕 | gu-ryok |
| humilier (vt) | 굴욕감을 주다 | gu-ryok-ga-meul ju-da |
| s'humilier (vp) | 창피를 당하다 | chang-pi-reul dang-ha-da |
| | | |
| choc (m) | 충격 | chung-gyeok |
| choquer (vt) | 충격을 주다 | chung-gyeo-geul ju-da |
| | | |
| ennui (m) (problème) | 문제 | mun-je |
| désagréable (adj) | 불쾌한 | bul-kwae-han |
| | | |
| peur (f) | 두려움 | du-ryeo-um |
| terrible (tempête, etc.) | 끔찍한 | kkeum-jjik-an |
| effrayant (histoire ~e) | 무서운 | mu-seo-un |
| horreur (f) | 공포 | gong-po |

| | | |
|---|---|---|
| horrible (adj) | 지독한 | ji-dok-an |
| pleurer (vi) | 울다 | ul-da |
| se mettre à pleurer | 울기 시작하다 | ul-gi si-jak-a-da |
| larme (f) | 눈물 | nun-mul |
| | | |
| faute (f) | 잘못 | jal-mot |
| culpabilité (f) | 죄책감 | joe-chaek-gam |
| déshonneur (m) | 불명예 | bul-myeong-ye |
| protestation (f) | 항의 | hang-ui |
| stress (m) | 스트레스 | seu-teu-re-seu |
| | | |
| déranger (vt) | 방해하다 | bang-hae-ha-da |
| être furieux | 화내다 | hwa-nae-da |
| en colère, fâché (adj) | 화가 난 | hwa-ga nan |
| rompre (relations) | 끝내다 | kkeun-nae-da |
| réprimander (vt) | 욕하다 | yok-a-da |
| | | |
| prendre peur | 무서워하다 | mu-seo-wo-ha-da |
| frapper (vt) | 치다 | chi-da |
| se battre (vp) | 싸우다 | ssa-u-da |
| | | |
| régler (~ un conflit) | 해결하다 | hae-gyeol-ha-da |
| mécontent (adj) | 불만족한 | bul-kwae-han |
| enragé (adj) | 맹렬한 | maeng-nyeol-han |
| | | |
| Ce n'est pas bien! | 그건 좋지 않아요! | geu-geon jo-chi a-na-yo! |
| C'est mal! | 그건 나빠요! | geu-geon na-ppa-yo! |

# La médecine

## 68. Les maladies

| | | |
|---|---|---|
| maladie (f) | 병 | byeong |
| être malade | 눕다 | nup-da |
| santé (f) | 건강 | geon-gang |
| rhume (m) (coryza) | 비염 | bi-yeom |
| angine (f) | 편도염 | pyeon-do-yeom |
| refroidissement (m) | 감기 | gam-gi |
| prendre froid | 감기에 걸리다 | gam-gi-e geol-li-da |
| bronchite (f) | 기관지염 | gi-gwan-ji-yeom |
| pneumonie (f) | 폐렴 | pye-ryeom |
| grippe (f) | 독감 | dok-gam |
| myope (adj) | 근시의 | geun-si-ui |
| presbyte (adj) | 원시의 | won-si-ui |
| strabisme (m) | 사시 | sa-si |
| strabique (adj) | 사시인 | sa-si-in |
| cataracte (f) | 백내장 | baeng-nae-jang |
| glaucome (m) | 녹내장 | nong-nae-jang |
| insulte (f) | 뇌졸중 | noe-jol-jung |
| crise (f) cardiaque | 심장마비 | sim-jang-ma-bi |
| infarctus (m) de myocarde | 심근경색증 | sim-geun-gyeong-saek-jeung |
| paralysie (f) | 마비 | ma-bi |
| paralyser (vt) | 마비되다 | ma-bi-doe-da |
| allergie (f) | 알레르기 | al-le-reu-gi |
| asthme (m) | 천식 | cheon-sik |
| diabète (m) | 당뇨병 | dang-nyo-byeong |
| mal (m) de dents | 치통, 이앓이 | chi-tong, i-a-ri |
| carie (f) | 충치 | chung-chi |
| diarrhée (f) | 설사 | seol-sa |
| constipation (f) | 변비증 | byeon-bi-jeung |
| estomac (m) barbouillé | 배탈 | bae-tal |
| intoxication (f) alimentaire | 식중독 | sik-jung-dok |
| être intoxiqué | 식중독에 걸리다 | sik-jung-do-ge geol-li-da |
| arthrite (f) | 관절염 | gwan-jeo-ryeom |
| rachitisme (m) | 구루병 | gu-ru-byeong |
| rhumatisme (m) | 류머티즘 | ryu-meo-ti-jeum |
| gastrite (f) | 위염 | wi-yeom |
| appendicite (f) | 맹장염 | maeng-jang-yeom |
| cholécystite (f) | 담낭염 | dam-nang-yeom |

| ulcère (m) | 궤양 | gwe-yang |
| rougeole (f) | 홍역 | hong-yeok |
| rubéole (f) | 풍진 | pung-jin |
| jaunisse (f) | 황달 | hwang-dal |
| hépatite (f) | 간염 | gan-nyeom |
| | | |
| schizophrénie (f) | 정신 분열증 | jeong-sin bu-nyeol-jeung |
| rage (f) (hydrophobie) | 광견병 | gwang-gyeon-byeong |
| névrose (f) | 신경증 | sin-gyeong-jeung |
| commotion (f) cérébrale | 뇌진탕 | noe-jin-tang |
| | | |
| cancer (m) | 암 | am |
| sclérose (f) | 경화증 | gyeong-hwa-jeung |
| sclérose (f) en plaques | 다발성 경화증 | da-bal-seong gyeong-hwa-jeung |
| | | |
| alcoolisme (m) | 알코올 중독 | al-ko-ol jung-dok |
| alcoolique (m) | 알코올 중독자 | al-ko-ol jung-dok-ja |
| syphilis (f) | 매독 | mae-dok |
| SIDA (m) | 에이즈 | e-i-jeu |
| | | |
| tumeur (f) | 종양 | jong-yang |
| maligne (adj) | 악성의 | ak-seong-ui |
| bénigne (adj) | 양성의 | yang-seong-ui |
| | | |
| fièvre (f) | 열병 | yeol-byeong |
| malaria (f) | 말라리아 | mal-la-ri-a |
| gangrène (f) | 괴저 | goe-jeo |
| mal (m) de mer | 뱃멀미 | baen-meol-mi |
| épilepsie (f) | 간질 | gan-jil |
| | | |
| épidémie (f) | 유행병 | yu-haeng-byeong |
| typhus (m) | 발진티푸스 | bal-jin-ti-pu-seu |
| tuberculose (f) | 결핵 | gyeol-haek |
| choléra (m) | 콜레라 | kol-le-ra |
| peste (f) | 페스트 | pe-seu-teu |

## 69. Les symptômes. Le traitement. Partie 1

| symptôme (m) | 증상 | jeung-sang |
| température (f) | 체온 | che-on |
| fièvre (f) | 열 | yeol |
| pouls (m) | 맥박 | maek-bak |
| | | |
| vertige (m) | 현기증 | hyeon-gi-jeung |
| chaud (adj) | 뜨거운 | tteu-geo-un |
| frisson (m) | 전율 | jeo-nyul |
| pâle (adj) | 창백한 | chang-baek-an |
| | | |
| toux (f) | 기침 | gi-chim |
| tousser (vi) | 기침을 하다 | gi-chi-meul ha-da |
| éternuer (vi) | 재채기하다 | jae-chae-gi-ha-da |
| évanouissement (m) | 실신 | sil-sin |
| s'évanouir (vp) | 실신하다 | sil-sin-ha-da |

| | | |
|---|---|---|
| bleu (m) | 멍 | meong |
| bosse (f) | 혹 | hok |
| se heurter (vp) | 부딪치다 | bu-dit-chi-da |
| meurtrissure (f) | 타박상 | ta-bak-sang |
| se faire mal | 타박상을 입다 | ta-bak-sang-eul rip-da |
| | | |
| boiter (vi) | 절다 | jeol-da |
| foulure (f) | 탈구 | tal-gu |
| se démettre (l'épaule, etc.) | 탈구하다 | tal-gu-ha-da |
| fracture (f) | 골절 | gol-jeol |
| avoir une fracture | 골절하다 | gol-jeol-ha-da |
| | | |
| coupure (f) | 베인 | be-in |
| se couper (~ le doigt) | 베다 | jeol-chang-eul rip-da |
| hémorragie (f) | 출혈 | chul-hyeol |
| | | |
| brûlure (f) | 화상 | hwa-sang |
| se brûler (vp) | 데다 | de-da |
| | | |
| se piquer (le doigt) | 찌르다 | jji-reu-da |
| se piquer (vp) | 찔리다 | jjil-li-da |
| blesser (vt) | 다치다 | da-chi-da |
| blessure (f) | 부상 | bu-sang |
| plaie (f) (blessure) | 부상 | bu-sang |
| trauma (m) | 정신적 외상 | jeong-sin-jeok goe-sang |
| | | |
| délirer (vi) | 망상을 겨다 | mang-sang-eul gyeok-da |
| bégayer (vi) | 말을 더듬다 | ma-reul deo-deum-da |
| insolation (f) | 일사병 | il-sa-byeong |

## 70. Les symptômes. Le traitement. Partie 2

| | | |
|---|---|---|
| douleur (f) | 통증 | tong-jeung |
| écharde (f) | 가시 | ga-si |
| | | |
| sueur (f) | 땀 | ttam |
| suer (vi) | 땀이 나다 | ttam-i na-da |
| vomissement (m) | 구토 | gu-to |
| spasmes (m pl) | 경련 | gyeong-nyeon |
| | | |
| enceinte (adj) | 임신한 | im-sin-han |
| naître (vi) | 태어나다 | tae-eo-na-da |
| accouchement (m) | 출산 | chul-san |
| accoucher (vi) | 낳다 | na-ta |
| avortement (m) | 낙태 | nak-tae |
| | | |
| respiration (f) | 호흡 | ho-heup |
| inhalation (f) | 들숨 | deul-sum |
| expiration (f) | 날숨 | nal-sum |
| expirer (vi) | 내쉬다 | nae-swi-da |
| inspirer (vi) | 들이쉬다 | deu-ri-swi-da |
| | | |
| invalide (m) | 장애인 | jang-ae-in |
| handicapé (m) | 병신 | byeong-sin |

| | | |
|---|---|---|
| drogué (m) | 마약 중독자 | ma-yak jung-dok-ja |
| sourd (adj) | 귀가 먼 | gwi-ga meon |
| muet (adj) | 벙어리인 | beong-eo-ri-in |
| sourd-muet (adj) | 농아인 | nong-a-in |
| | | |
| fou (adj) | 미친 | mi-chin |
| fou (m) | 광인 | gwang-in |
| folle (f) | 광인 | gwang-in |
| devenir fou | 미치다 | mi-chi-da |
| | | |
| gène (m) | 유전자 | yu-jeon-ja |
| immunité (f) | 면역성 | myeo-nyeok-seong |
| héréditaire (adj) | 유전의 | yu-jeon-ui |
| congénital (adj) | 선천적인 | seon-cheon-jeo-gin |
| | | |
| virus (m) | 바이러스 | ba-i-reo-seu |
| microbe (m) | 미생물 | mi-saeng-mul |
| bactérie (f) | 세균 | se-gyun |
| infection (f) | 감염 | gam-nyeom |

## 71. Les symptômes. Le traitement. Partie 3

| | | |
|---|---|---|
| hôpital (m) | 병원 | byeong-won |
| patient (m) | 환자 | hwan-ja |
| | | |
| diagnostic (m) | 진단 | jin-dan |
| cure (f) (faire une ~) | 치료 | chi-ryo |
| se faire soigner | 치료를 받다 | chi-ryo-reul bat-da |
| traiter (un patient) | 치료하다 | chi-ryo-ha-da |
| soigner (un malade) | 간호하다 | gan-ho-ha-da |
| soins (m pl) | 간호 | gan-ho |
| | | |
| opération (f) | 수술 | su-sul |
| panser (vt) | 붕대를 감다 | bung-dae-reul gam-da |
| pansement (m) | 붕대 | bung-dae |
| | | |
| vaccination (f) | 예방주사 | ye-bang-ju-sa |
| vacciner (vt) | 접종하다 | jeop-jong-ha-da |
| piqûre (f) | 주사 | ju-sa |
| faire une piqûre | 주사하다 | ju-sa-ha-da |
| | | |
| amputation (f) | 절단 | jeol-dan |
| amputer (vt) | 절단하다 | jeol-dan-ha-da |
| coma (m) | 혼수 상태 | hon-su sang-tae |
| être dans le coma | 혼수 상태에 있다 | hon-su sang-tae-e it-da |
| réanimation (f) | 집중 치료 | jip-jung chi-ryo |
| | | |
| se rétablir (vp) | 회복하다 | hoe-bok-a-da |
| état (m) (de santé) | 상태 | sang-tae |
| conscience (f) | 의식 | ui-sik |
| mémoire (f) | 기억 | gi-eok |
| | | |
| arracher (une dent) | 빼다 | ppae-da |
| plombage (m) | 충전물 | chung-jeon-mul |

| plomber (vt) | 때우다 | ttae-u-da |
| hypnose (f) | 최면 | choe-myeon |
| hypnotiser (vt) | 최면을 걸다 | choe-myeo-neul geol-da |

## 72. Les médecins

| médecin (m) | 의사 | ui-sa |
| infirmière (f) | 간호사 | gan-ho-sa |
| médecin (m) personnel | 개인 의사 | gae-in ui-sa |

| dentiste (m) | 치과 의사 | chi-gwa ui-sa |
| ophtalmologiste (m) | 안과 의사 | an-gwa ui-sa |
| généraliste (m) | 내과 의사 | nae-gwa ui-sa |
| chirurgien (m) | 외과 의사 | oe-gwa ui-sa |

| psychiatre (m) | 정신과 의사 | jeong-sin-gwa ui-sa |
| pédiatre (m) | 소아과 의사 | so-a-gwa ui-sa |
| psychologue (m) | 심리학자 | sim-ni-hak-ja |
| gynécologue (m) | 부인과 의사 | bu-in-gwa ui-sa |
| cardiologue (m) | 심장병 전문의 | sim-jang-byeong jeon-mun-ui |

## 73. Les médicaments. Les accessoires

| médicament (m) | 약 | yak |
| remède (m) | 약제 | yak-je |
| ordonnance (f) | 처방 | cheo-bang |

| comprimé (m) | 정제 | jeong-je |
| onguent (m) | 연고 | yeon-go |
| ampoule (f) | 앰플 | aem-pul |
| mixture (f) | 혼합물 | hon-ham-mul |
| sirop (m) | 물약 | mul-lyak |
| pilule (f) | 알약 | a-ryak |
| poudre (f) | 가루약 | ga-ru-yak |

| bande (f) | 거즈 붕대 | geo-jeu bung-dae |
| coton (m) (ouate) | 솜 | som |
| iode (m) | 요오드 | yo-o-deu |

| sparadrap (m) | 반창고 | ban-chang-go |
| compte-gouttes (m) | 점안기 | jeom-an-gi |
| thermomètre (m) | 체온계 | che-on-gye |
| seringue (f) | 주사기 | ju-sa-gi |

| fauteuil (m) roulant | 휠체어 | hwil-che-eo |
| béquilles (f pl) | 목발 | mok-bal |

| anesthésique (m) | 진통제 | jin-tong-je |
| purgatif (m) | 완하제 | wan-ha-je |
| alcool (m) | 알코올 | al-ko-ol |
| herbe (f) médicinale | 약초 | yak-cho |
| d'herbes (adj) | 약초의 | yak-cho-ui |

## 74. Le tabac et ses produits dérivés

| | | |
|---|---|---|
| tabac (m) | 담배 | dam-bae |
| cigarette (f) | 담배 | dam-bae |
| cigare (f) | 시가 | si-ga |
| pipe (f) | 담뱃대 | dam-baet-dae |
| paquet (m) | 갑 | gap |
| | | |
| allumettes (f pl) | 성냥 | seong-nyang |
| boîte (f) d'allumettes | 성냥 갑 | seong-nyang gap |
| briquet (m) | 라이터 | ra-i-teo |
| cendrier (m) | 재떨이 | jae-tteo-ri |
| étui (m) à cigarettes | 담배 케이스 | dam-bae ke-i-seu |
| | | |
| fume-cigarette (m) | 물부리 | mul-bu-ri |
| filtre (m) | 필터 | pil-teo |
| | | |
| fumer (vi, vt) | 피우다 | pi-u-da |
| allumer une cigarette | 담배에 불을 붙이다 | dam-bae-e bu-reul bu-chi-da |
| tabagisme (m) | 흡연 | heu-byeon |
| fumeur (m) | 흡연자 | heu-byeon-ja |
| | | |
| mégot (m) | 꽁초 | kkong-cho |
| fumée (f) | 연기 | yeon-gi |
| cendre (f) | 재 | jae |

# L'HABITAT HUMAIN

## La ville

### 75. La ville. La vie urbaine

| | | |
|---|---|---|
| ville (f) | 도시 | do-si |
| capitale (f) | 수도 | su-do |
| village (m) | 마을 | ma-eul |
| plan (m) de la ville | 도시 지도 | do-si ji-do |
| centre-ville (m) | 시내 | si-nae |
| banlieue (f) | 근교 | geun-gyo |
| de banlieue (adj) | 근교의 | geun-gyo-ui |
| alentours (m pl) | 주변 | ju-byeon |
| quartier (m) | 한 구획 | han gu-hoek |
| quartier (m) résidentiel | 동 | dong |
| trafic (m) | 교통 | gyo-tong |
| feux (m pl) de circulation | 신호등 | sin-ho-deung |
| transport (m) urbain | 대중교통 | dae-jung-gyo-tong |
| carrefour (m) | 교차로 | gyo-cha-ro |
| passage (m) piéton | 횡단 보도 | hoeng-dan bo-do |
| passage (m) souterrain | 지하 보도 | ji-ha bo-do |
| traverser (vt) | 건너가다 | geon-neo-ga-da |
| piéton (m) | 보행자 | bo-haeng-ja |
| trottoir (m) | 인도 | in-do |
| pont (m) | 다리 | da-ri |
| quai (m) | 강변로 | gang-byeon-no |
| allée (f) | 길 | gil |
| parc (m) | 공원 | gong-won |
| boulevard (m) | 대로 | dae-ro |
| place (f) | 광장 | gwang-jang |
| avenue (f) | 가로 | ga-ro |
| rue (f) | 거리 | geo-ri |
| ruelle (f) | 골목 | gol-mok |
| impasse (f) | 막다른길 | mak-da-reun-gil |
| maison (f) | 집 | jip |
| édifice (m) | 빌딩 | bil-ding |
| gratte-ciel (m) | 고층 건물 | go-cheung geon-mul |
| façade (f) | 전면 | jeon-myeon |
| toit (m) | 지붕 | ji-bung |
| fenêtre (f) | 창문 | chang-mun |

| arc (m) | 아치 | a-chi |
| colonne (f) | 기둥 | gi-dung |
| coin (m) | 모퉁이 | mo-tung-i |

| vitrine (f) | 쇼윈도우 | syo-win-do-u |
| enseigne (f) | 간판 | gan-pan |
| affiche (f) | 포스터 | po-seu-teo |
| affiche (f) publicitaire | 광고 포스터 | gwang-go po-seu-teo |
| panneau-réclame (m) | 광고판 | gwang-go-pan |

| ordures (f pl) | 쓰레기 | sseu-re-gi |
| poubelle (f) | 쓰레기통 | sseu-re-gi-tong |
| décharge (f) | 쓰레기장 | sseu-re-gi-jang |

| cabine (f) téléphonique | 공중 전화 | gong-jung jeon-hwa |
| réverbère (m) | 가로등 | ga-ro-deung |
| banc (m) | 벤치 | ben-chi |

| policier (m) | 경찰관 | gyeong-chal-gwan |
| police (f) | 경찰 | gyeong-chal |
| clochard (m) | 거지 | geo-ji |
| sans-abri (m) | 노숙자 | no-suk-ja |

## 76. Les institutions urbaines

| magasin (m) | 가게, 상점 | ga-ge, sang-jeom |
| pharmacie (f) | 약국 | yak-guk |
| opticien (m) | 안경 가게 | an-gyeong ga-ge |
| centre (m) commercial | 쇼핑몰 | syo-ping-mol |
| supermarché (m) | 슈퍼마켓 | syu-peo-ma-ket |

| boulangerie (f) | 빵집 | ppang-jip |
| boulanger (m) | 제빵사 | je-ppang-sa |
| pâtisserie (f) | 제과점 | je-gwa-jeom |
| épicerie (f) | 식료품점 | sing-nyo-pum-jeom |
| boucherie (f) | 정육점 | jeong-yuk-jeom |

| magasin (m) de légumes | 야채 가게 | ya-chae ga-ge |
| marché (m) | 시장 | si-jang |

| salon (m) de café | 커피숍 | keo-pi-syop |
| restaurant (m) | 레스토랑 | re-seu-to-rang |
| brasserie (f) | 바 | ba |
| pizzeria (f) | 피자 가게 | pi-ja ga-ge |

| salon (m) de coiffure | 미장원 | mi-jang-won |
| poste (f) | 우체국 | u-che-guk |
| pressing (m) | 드라이 클리닝 | deu-ra-i keul-li-ning |
| atelier (m) de photo | 사진관 | sa-jin-gwan |

| magasin (m) de chaussures | 신발 가게 | sin-bal ga-ge |
| librairie (f) | 서점 | seo-jeom |
| magasin (m) d'articles de sport | 스포츠용품 매장 | seu-po-cheu-yong-pum mae-jang |

| | | |
|---|---|---|
| atelier (m) de retouche | 옷 수선 가게 | ot su-seon ga-ge |
| location (f) de vêtements | 의류 임대 | ui-ryu im-dae |
| location (f) de films | 비디오 대여 | bi-di-o dae-yeo |
| | | |
| cirque (m) | 서커스 | seo-keo-seu |
| zoo (m) | 동물원 | dong-mu-rwon |
| cinéma (m) | 영화관 | yeong-hwa-gwan |
| musée (m) | 박물관 | bang-mul-gwan |
| bibliothèque (f) | 도서관 | do-seo-gwan |
| | | |
| théâtre (m) | 극장 | geuk-jang |
| opéra (m) | 오페라극장 | o-pe-ra-geuk-jang |
| boîte (f) de nuit | 나이트 클럽 | na-i-teu keul-leop |
| casino (m) | 카지노 | ka-ji-no |
| | | |
| mosquée (f) | 모스크 | mo-seu-keu |
| synagogue (f) | 유대교 회당 | yu-dae-gyo hoe-dang |
| cathédrale (f) | 대성당 | dae-seong-dang |
| temple (m) | 사원, 신전 | sa-won, sin-jeon |
| église (f) | 교회 | gyo-hoe |
| | | |
| institut (m) | 단과대학 | dan-gwa-dae-hak |
| université (f) | 대학교 | dae-hak-gyo |
| école (f) | 학교 | hak-gyo |
| | | |
| préfecture (f) | 도, 현 | do, hyeon |
| mairie (f) | 시청 | si-cheong |
| hôtel (m) | 호텔 | ho-tel |
| banque (f) | 은행 | eun-haeng |
| | | |
| ambassade (f) | 대사관 | dae-sa-gwan |
| agence (f) de voyages | 여행사 | yeo-haeng-sa |
| bureau (m) d'information | 안내소 | an-nae-so |
| bureau (m) de change | 환전소 | hwan-jeon-so |
| | | |
| métro (m) | 지하철 | ji-ha-cheol |
| hôpital (m) | 병원 | byeong-won |
| | | |
| station-service (f) | 주유소 | ju-yu-so |
| parking (m) | 주차장 | ju-cha-jang |

## 77. Les transports en commun

| | | |
|---|---|---|
| autobus (m) | 버스 | beo-seu |
| tramway (m) | 전차 | jeon-cha |
| trolleybus (m) | 트롤리 버스 | teu-rol-li beo-seu |
| itinéraire (m) | 노선 | no-seon |
| numéro (m) | 번호 | beon-ho |
| | | |
| prendre ... | ··· 타고 가다 | ... ta-go ga-da |
| monter (dans l'autobus) | 타다 | ta-da |
| descendre de ... | ··· 에서 내리다 | ... e-seo nae-ri-da |
| arrêt (m) | 정류장 | jeong-nyu-jang |
| arrêt (m) prochain | 다음 정류장 | da-eum jeong-nyu-jang |

| | | |
|---|---|---|
| terminus (m) | 종점 | jong-jeom |
| horaire (m) | 시간표 | si-gan-pyo |
| attendre (vt) | 기다리다 | gi-da-ri-da |
| | | |
| ticket (m) | 표 | pyo |
| prix (m) du ticket | 요금 | yo-geum |
| | | |
| caissier (m) | 계산원 | gye-san-won |
| contrôle (m) des tickets | 검표 | geom-pyo |
| contrôleur (m) | 검표원 | geom-pyo-won |
| | | |
| être en retard | ··· 시간에 늦다 | ... si-gan-e neut-da |
| rater (~ le train) | 놓치다 | no-chi-da |
| se dépêcher | 서두르다 | seo-du-reu-da |
| | | |
| taxi (m) | 택시 | taek-si |
| chauffeur (m) de taxi | 택시 운전 기사 | taek-si un-jeon gi-sa |
| en taxi | 택시로 | taek-si-ro |
| arrêt (m) de taxi | 택시 정류장 | taek-si jeong-nyu-jang |
| appeler un taxi | 택시를 부르다 | taek-si-reul bu-reu-da |
| prendre un taxi | 택시를 타다 | taek-si-reul ta-da |
| | | |
| trafic (m) | 교통 | gyo-tong |
| embouteillage (m) | 교통 체증 | gyo-tong che-jeung |
| heures (f pl) de pointe | 러시 아워 | reo-si a-wo |
| se garer (vp) | 주차하다 | ju-cha-ha-da |
| garer (vt) | 주차하다 | ju-cha-ha-da |
| parking (m) | 주차장 | ju-cha-jang |
| | | |
| métro (m) | 지하철 | ji-ha-cheol |
| station (f) | 역 | yeok |
| prendre le métro | 지하철을 타다 | ji-ha-cheo-reul ta-da |
| train (m) | 기차 | gi-cha |
| gare (f) | 기차역 | gi-cha-yeok |

## 78. Le tourisme

| | | |
|---|---|---|
| monument (m) | 기념비 | gi-nyeom-bi |
| forteresse (f) | 요새 | yo-sae |
| palais (m) | 궁전 | gung-jeon |
| château (m) | 성 | seong |
| tour (f) | 탑 | tap |
| mausolée (m) | 영묘 | yeong-myo |
| | | |
| architecture (f) | 건축 | geon-chuk |
| médiéval (adj) | 중세의 | jung-se-ui |
| ancien (adj) | 고대의 | go-dae-ui |
| national (adj) | 국가의 | guk-ga-ui |
| connu (adj) | 유명한 | yu-myeong-han |
| | | |
| touriste (m) | 관광객 | gwan-gwang-gaek |
| guide (m) (personne) | 가이드 | ga-i-deu |
| excursion (f) | 견학, 관광 | gyeon-hak, gwan-gwang |
| montrer (vt) | 보여주다 | bo-yeo-ju-da |

| | | |
|---|---|---|
| raconter (une histoire) | 이야기하다 | i-ya-gi-ha-da |
| trouver (vt) | 찾다 | chat-da |
| se perdre (vp) | 길을 잃다 | gi-reul ril-ta |
| plan (m) (du metro, etc.) | 노선도 | no-seon-do |
| carte (f) (de la ville, etc.) | 지도 | ji-do |
| souvenir (m) | 기념품 | gi-nyeom-pum |
| boutique (f) de souvenirs | 기념품 가게 | gi-nyeom-pum ga-ge |
| prendre en photo | 사진을 찍다 | sa-ji-neul jjik-da |
| se faire prendre en photo | 사진을 찍다 | sa-ji-neul jjik-da |

## 79. Le shopping

| | | |
|---|---|---|
| acheter (vt) | 사다 | sa-da |
| achat (m) | 구매 | gu-mae |
| faire des achats | 쇼핑하다 | syo-ping-ha-da |
| shopping (m) | 쇼핑 | syo-ping |
| être ouvert | 열리다 | yeol-li-da |
| être fermé | 닫다 | dat-da |
| chaussures (f pl) | 신발 | sin-bal |
| vêtement (m) | 옷 | ot |
| produits (m pl) de beauté | 화장품 | hwa-jang-pum |
| produits (m pl) alimentaires | 식품 | sik-pum |
| cadeau (m) | 선물 | seon-mul |
| vendeur (m) | 판매원 | pan-mae-won |
| vendeuse (f) | 여판매원 | yeo-pan-mae-won |
| caisse (f) | 계산대 | gye-san-dae |
| miroir (m) | 거울 | geo-ul |
| comptoir (m) | 계산대 | gye-san-dae |
| cabine (f) d'essayage | 탈의실 | ta-rui-sil |
| essayer (robe, etc.) | 입어보다 | i-beo-bo-da |
| aller bien (robe, etc.) | 어울리다 | eo-ul-li-da |
| plaire (être apprécié) | 좋아하다 | jo-a-ha-da |
| prix (m) | 가격 | ga-gyeok |
| étiquette (f) de prix | 가격표 | ga-gyeok-pyo |
| coûter (vt) | 값이 … 이다 | gap-si … i-da |
| Combien? | 얼마? | eol-ma? |
| rabais (m) | 할인 | ha-rin |
| pas cher (adj) | 비싸지 않은 | bi-ssa-ji a-neun |
| bon marché (adj) | 싼 | ssan |
| cher (adj) | 비싼 | bi-ssan |
| C'est cher | 비쌉니다 | bi-ssam-ni-da |
| location (f) | 임대 | im-dae |
| louer (une voiture, etc.) | 빌리다 | bil-li-da |
| crédit (m) | 신용 | si-nyong |
| à crédit (adv) | 신용으로 | si-nyong-eu-ro |

## 80. L'argent

| | | |
|---|---|---|
| argent (m) | 돈 | don |
| échange (m) | 환전 | hwan-jeon |
| cours (m) de change | 환율 | hwa-nyul |
| distributeur (m) | 현금 자동 지급기 | hyeon-geum ja-dong ji-geup-gi |
| monnaie (f) | 동전 | dong-jeon |
| dollar (m) | 달러 | dal-leo |
| euro (m) | 유로 | yu-ro |
| lire (f) | 리라 | ri-ra |
| mark (m) allemand | 마르크 | ma-reu-keu |
| franc (m) | 프랑 | peu-rang |
| livre sterling (f) | 파운드 | pa-un-deu |
| yen (m) | 엔 | en |
| dette (f) | 빚 | bit |
| débiteur (m) | 채무자 | chae-mu-ja |
| prêter (vt) | 빌려주다 | bil-lyeo-ju-da |
| emprunter (vt) | 빌리다 | bil-li-da |
| banque (f) | 은행 | eun-haeng |
| compte (m) | 계좌 | gye-jwa |
| verser dans le compte | 계좌에 입금하다 | ip-geum-ha-da |
| retirer du compte | 출금하다 | chul-geum-ha-da |
| carte (f) de crédit | 신용 카드 | si-nyong ka-deu |
| espèces (f pl) | 현금 | hyeon-geum |
| chèque (m) | 수표 | su-pyo |
| faire un chèque | 수표를 끊다 | su-pyo-reul kkeun-ta |
| chéquier (m) | 수표책 | su-pyo-chaek |
| portefeuille (m) | 지갑 | ji-gap |
| bourse (f) | 동전지갑 | dong-jeon-ji-gap |
| coffre fort (m) | 금고 | geum-go |
| héritier (m) | 상속인 | sang-so-gin |
| héritage (m) | 유산 | yu-san |
| fortune (f) | 재산, 큰돈 | jae-san, keun-don |
| location (f) | 임대 | im-dae |
| loyer (m) (argent) | 집세 | jip-se |
| louer (prendre en location) | 임대하다 | im-dae-ha-da |
| prix (m) | 가격 | ga-gyeok |
| coût (m) | 비용 | bi-yong |
| somme (f) | 액수 | aek-su |
| dépenser (vt) | 쓰다 | sseu-da |
| dépenses (f pl) | 출비를 | chul-bi-reul |
| économiser (vt) | 절약하다 | jeo-ryak-a-da |
| économe (adj) | 경제적인 | gyeong-je-jeo-gin |
| payer (régler) | 지불하다 | ji-bul-ha-da |

| | | |
|---|---|---|
| paiement (m) | 지불 | ji-bul |
| monnaie (f) (rendre la ~) | 거스름돈 | geo-seu-reum-don |
| | | |
| impôt (m) | 세금 | se-geum |
| amende (f) | 벌금 | beol-geum |
| mettre une amende | 벌금을 부과하다 | beol-geu-meul bu-gwa-ha-da |

## 81. La poste. Les services postaux

| | | |
|---|---|---|
| poste (f) | 우체국 | u-che-guk |
| courrier (m) (lettres, etc.) | 우편물 | u-pyeon-mul |
| facteur (m) | 우체부 | u-che-bu |
| heures (f pl) d'ouverture | 영업 시간 | yeong-eop si-gan |
| | | |
| lettre (f) | 편지 | pyeon-ji |
| recommandé (m) | 등기 우편 | deung-gi u-pyeon |
| carte (f) postale | 엽서 | yeop-seo |
| télégramme (m) | 전보 | jeon-bo |
| colis (m) | 소포 | so-po |
| mandat (m) postal | 송금 | song-geum |
| | | |
| recevoir (vt) | 받다 | bat-da |
| envoyer (vt) | 보내다 | bo-nae-da |
| envoi (m) | 발송 | bal-song |
| | | |
| adresse (f) | 주소 | ju-so |
| code (m) postal | 우편 번호 | u-pyeon beon-ho |
| expéditeur (m) | 발송인 | bal-song-in |
| destinataire (m) | 수신인 | su-sin-in |
| | | |
| prénom (m) | 이름 | i-reum |
| nom (m) de famille | 성 | seong |
| | | |
| tarif (m) | 요금 | yo-geum |
| normal (adj) | 일반의 | il-ba-nui |
| économique (adj) | 경제적인 | gyeong-je-jeo-gin |
| | | |
| poids (m) | 무게 | mu-ge |
| peser (~ les lettres) | 무게를 달다 | mu-ge-reul dal-da |
| enveloppe (f) | 봉투 | bong-tu |
| timbre (m) | 우표 | u-pyo |

# Le logement. La maison. Le foyer

## 82. La maison. Le logis

| | | |
|---|---|---|
| maison (f) | 집 | jip |
| chez soi | 집에 | ji-be |
| cour (f) | 마당 | ma-dang |
| clôture (f) | 울타리 | ul-ta-ri |
| | | |
| brique (f) | 벽돌 | byeok-dol |
| en brique (adj) | 벽돌의 | byeok-do-rui |
| pierre (f) | 돌 | dol |
| en pierre (adj) | 돌의 | do-rui |
| béton (m) | 콘크리트 | kon-keu-ri-teu |
| en béton (adj) | 콘크리트의 | kon-keu-ri-teu-ui |
| | | |
| neuf (adj) | 새로운 | sae-ro-un |
| vieux (adj) | 오래된 | o-rae-doen |
| délabré (adj) | 쓰러질듯한 | sseu-reo-jil-deu-tan |
| moderne (adj) | 근대의 | geun-dae-ui |
| à plusieurs étages | 다층의 | da-cheung-ui |
| haut (adj) | 높은 | no-peun |
| | | |
| étage (m) | 층 | cheung |
| sans étage (adj) | 단층의 | dan-cheung-ui |
| | | |
| rez-de-chaussée (m) | 일층 | il-cheung |
| dernier étage (m) | 꼭대기층 | kkok-dae-gi-cheung |
| | | |
| toit (m) | 지붕 | ji-bung |
| cheminée (f) | 굴뚝 | gul-ttuk |
| | | |
| tuile (f) | 기와 | gi-wa |
| en tuiles (adj) | 기와를 얹은 | gi-wa-reul reon-jeun |
| grenier (m) | 다락 | da-rak |
| | | |
| fenêtre (f) | 창문 | chang-mun |
| vitre (f) | 유리 | yu-ri |
| | | |
| rebord (m) | 창가 | chang-ga |
| volets (m pl) | 덧문 | deon-mun |
| | | |
| mur (m) | 벽 | byeok |
| balcon (m) | 발코니 | bal-ko-ni |
| gouttière (f) | 선홈통 | seon-hom-tong |
| | | |
| en haut (à l'étage) | 위층으로 | wi-cheung-eu-ro |
| monter (vi) | 위층에 올라가다 | wi-cheung-e ol-la-ga-da |
| descendre (vi) | 내려오다 | nae-ryeo-o-da |
| déménager (vi) | 이사가다 | i-sa-ga-da |

## 83. La maison. L'entrée. L'ascenseur

| | | |
|---|---|---|
| entrée (f) | 입구 | ip-gu |
| escalier (m) | 계단 | gye-dan |
| marches (f pl) | 단 | dan |
| rampe (f) | 난간 | nan-gan |
| hall (m) | 로비 | ro-bi |
| boîte (f) à lettres | 우편함 | u-pyeon-ham |
| poubelle (f) d'extérieur | 쓰레기통 | sseu-re-gi-tong |
| vide-ordures (m) | 쓰레기 활송 장치 | sseu-re-gi hwal-song jang-chi |
| ascenseur (m) | 엘리베이터 | el-li-be-i-teo |
| monte-charge (m) | 화물 엘리베이터 | hwa-mul rel-li-be-i-teo |
| cabine (f) | 엘리베이터 카 | el-li-be-i-teo ka |
| prendre l'ascenseur | 엘리베이터를 타다 | el-li-be-i-teo-reul ta-da |
| appartement (m) | 아파트 | a-pa-teu |
| locataires (m pl) | 주민 | ju-min |
| voisin (m) | 이웃 | i-ut |
| voisine (f) | 이웃 | i-ut |
| voisins (m pl) | 이웃들 | i-ut-deul |

## 84. La maison. La porte. La serrure

| | | |
|---|---|---|
| porte (f) | 문 | mun |
| portail (m) | 대문 | dae-mun |
| poignée (f) | 손잡이 | son-ja-bi |
| déverrouiller (vt) | 빗장을 벗기다 | bit-jang-eul beot-gi-da |
| ouvrir (vt) | 열다 | yeol-da |
| fermer (vt) | 닫다 | dat-da |
| clé (f) | 열쇠 | yeol-soe |
| trousseau (m), jeu (m) | 열쇠 꾸러미 | yeol-soe kku-reo-mi |
| grincer (la porte) | 삐걱거리다 | ppi-geok-geo-ri-da |
| grincement (m) | 삐걱거리는 소리 | ppi-geok-geo-ri-neun so-ri |
| gond (m) | 경첩 | gyeong-cheop |
| paillasson (m) | 문 매트 | mun mae-teu |
| serrure (f) | 자물쇠 | ja-mul-soe |
| trou (m) de la serrure | 열쇠 구멍 | yeol-soe gu-meong |
| verrou (m) | 빗장 | bit-jang |
| loquet (m) | 빗장걸이 | bit-jang-geo-ri |
| cadenas (m) | 맹꽁이 자물쇠 | maeng-kkong-i ja-mul-soe |
| sonner (à la porte) | 울리다 | ul-li-da |
| sonnerie (f) | 벨소리 | bel-so-ri |
| sonnette (f) | 벨 | bel |
| bouton (m) | 초인종 | cho-in-jong |
| coups (m pl) à la porte | 노크 | no-keu |
| frapper (~ à la porte) | 두드리다 | du-deu-ri-da |
| code (m) | 코드 | ko-deu |

| serrure (f) à combinaison | 숫자 배합 자물쇠 | sut-ja bae-hap ja-mul-soe |
|---|---|---|
| interphone (m) | 인터콤 | in-teo-kom |
| numéro (m) | 번호 | beon-ho |
| plaque (f) de porte | 문패 | mun-pae |
| judas (m) | 문구멍 | mun-gu-meong |

## 85. La maison de campagne

| village (m) | 마을 | ma-eul |
|---|---|---|
| potager (m) | 채소밭 | chae-so-bat |
| palissade (f) | 울타리 | ul-ta-ri |
| clôture (f) | 말뚝 울타리 | mal-ttuk gul-ta-ri |
| portillon (m) | 쪽문 | jjong-mun |

| grange (f) | 곡창 | gok-chang |
|---|---|---|
| cave (f) | 지하 저장실 | ji-ha jeo-jang-sil |
| abri (m) de jardin | 헛간 | heot-gan |
| puits (m) | 우물 | u-mul |

| poêle (m) (~ à bois) | 화덕 | hwa-deok |
|---|---|---|
| chauffer le poêle | 불을 지피다 | bu-reul ji-pi-da |
| bois (m) de chauffage | 장작 | jang-jak |
| bûche (f) | 통나무 | tong-na-mu |

| véranda (f) | 베란다 | be-ran-da |
|---|---|---|
| terrasse (f) | 테라스 | te-ra-seu |
| perron (m) d'entrée | 현관 | hyeon-gwan |
| balançoire (f) | 그네 | geu-ne |

## 86. Le château. Le palais

| château (m) | 성 | seong |
|---|---|---|
| palais (m) | 궁전 | gung-jeon |
| forteresse (f) | 요새 | yo-sae |

| muraille (f) | 성벽 | seong-byeok |
|---|---|---|
| tour (f) | 탑 | tap |
| donjon (m) | 내성 | nae-seong |

| herse (f) | 내리닫이 쇠창살문 | nae-ri-da-ji soe-chang-sal-mun |
|---|---|---|
| souterrain (m) | 지하 통로 | ji-ha tong-no |
| douve (f) | 해자 | hae-ja |

| chaîne (f) | 쇠사슬 | soe-sa-seul |
|---|---|---|
| meurtrière (f) | 총안 | chong-an |

| magnifique (adj) | 장대한 | jang-dae-han |
|---|---|---|
| majestueux (adj) | 장엄한 | jang-eom-han |

| inaccessible (adj) | 난공불락의 | nan-gong-bul-la-gui |
|---|---|---|
| médiéval (adj) | 중세의 | jung-se-ui |

## 87. L'appartement

| | | |
|---|---|---|
| appartement (m) | 아파트 | a-pa-teu |
| chambre (f) | 방 | bang |
| chambre (f) à coucher | 침실 | chim-sil |
| salle (f) à manger | 식당 | sik-dang |
| salon (m) | 거실 | geo-sil |
| bureau (m) | 서재 | seo-jae |
| | | |
| antichambre (f) | 곁방 | gyeot-bang |
| salle (f) de bains | 욕실 | yok-sil |
| toilettes (f pl) | 화장실 | hwa-jang-sil |
| | | |
| plafond (m) | 천장 | cheon-jang |
| plancher (m) | 마루 | ma-ru |
| coin (m) | 구석 | gu-seok |

## 88. L'appartement. Le ménage

| | | |
|---|---|---|
| faire le ménage | 청소하다 | cheong-so-ha-da |
| ranger (jouets, etc.) | 치우다 | chi-u-da |
| poussière (f) | 먼지 | meon-ji |
| poussiéreux (adj) | 먼지 투성이의 | meon-ji tu-seong-i-ui |
| essuyer la poussière | 먼지를 떨다 | meon-ji-reul tteol-da |
| aspirateur (m) | 진공 청소기 | jin-gong cheong-so-gi |
| passer l'aspirateur | 진공 청소기로 청소하다 | jin-gong cheong-so-gi-ro cheong-so-ha-da |
| | | |
| balayer (vt) | 쓸다 | sseul-da |
| balayures (f pl) | 쓸기 | sseul-gi |
| ordre (m) | 정돈 | jeong-don |
| désordre (m) | 뒤죽박죽 | dwi-juk-bak-juk |
| | | |
| balai (m) à franges | 대걸레 | dae-geol-le |
| torchon (m) | 행주 | haeng-ju |
| balayette (f) de sorgho | 빗자루 | bit-ja-ru |
| pelle (f) à ordures | 쓰레받기 | sseu-re-bat-gi |

## 89. Les meubles. L'intérieur

| | | |
|---|---|---|
| meubles (m pl) | 가구 | ga-gu |
| table (f) | 식탁, 테이블 | sik-tak, te-i-beul |
| chaise (f) | 의자 | ui-ja |
| lit (m) | 침대 | chim-dae |
| canapé (m) | 소파 | so-pa |
| fauteuil (m) | 안락 의자 | al-lak gui-ja |
| | | |
| bibliothèque (f) (meuble) | 책장 | chaek-jang |
| rayon (m) | 책꽂이 | chaek-kko-ji |
| armoire (f) | 옷장 | ot-jang |
| patère (f) | 옷걸이 | ot-geo-ri |

| | | |
|---|---|---|
| portemanteau (m) | 스탠드옷걸이 | seu-taen-deu-ot-geo-ri |
| commode (f) | 서랍장 | seo-rap-jang |
| table (f) basse | 커피 테이블 | keo-pi te-i-beul |
| miroir (m) | 거울 | geo-ul |
| tapis (m) | 양탄자 | yang-tan-ja |
| petit tapis (m) | 러그 | reo-geu |
| cheminée (f) | 벽난로 | byeong-nan-no |
| bougie (f) | 초 | cho |
| chandelier (m) | 촛대 | chot-dae |
| rideaux (m pl) | 커튼 | keo-teun |
| papier (m) peint | 벽지 | byeok-ji |
| jalousie (f) | 블라인드 | beul-la-in-deu |
| lampe (f) de table | 테이블 램프 | deung |
| applique (f) | 벽등 | byeok-deung |
| lampadaire (m) | 플로어 스탠드 | peul-lo-eo seu-taen-deu |
| lustre (m) | 샹들리에 | syang-deul-li-e |
| pied (m) (~ de la table) | 다리 | da-ri |
| accoudoir (m) | 팔걸이 | pal-geo-ri |
| dossier (m) | 등받이 | deung-ba-ji |
| tiroir (m) | 서랍 | seo-rap |

## 90. La literie

| | | |
|---|---|---|
| linge (m) de lit | 침구 | chim-gu |
| oreiller (m) | 베개 | be-gae |
| taie (f) d'oreiller | 베갯잇 | be-gaen-nit |
| couverture (f) | 이불 | i-bul |
| drap (m) | 시트 | si-teu |
| couvre-lit (m) | 침대보 | chim-dae-bo |

## 91. La cuisine

| | | |
|---|---|---|
| cuisine (f) | 부엌 | bu-eok |
| gaz (m) | 가스 | ga-seu |
| cuisinière (f) à gaz | 가스 레인지 | ga-seu re-in-ji |
| cuisinière (f) électrique | 전기 레인지 | jeon-gi re-in-ji |
| four (m) | 오븐 | o-beun |
| four (m) micro-ondes | 전자 레인지 | jeon-ja re-in-ji |
| réfrigérateur (m) | 냉장고 | naeng-jang-go |
| congélateur (m) | 냉동고 | naeng-dong-go |
| lave-vaisselle (m) | 식기 세척기 | sik-gi se-cheok-gi |
| hachoir (m) à viande | 고기 분쇄기 | go-gi bun-swae-gi |
| centrifugeuse (f) | 과즙기 | gwa-jeup-gi |
| grille-pain (m) | 토스터 | to-seu-teo |
| batteur (m) | 믹서기 | mik-seo-gi |

| | | |
|---|---|---|
| machine (f) à café | 커피 메이커 | keo-pi me-i-keo |
| cafetière (f) | 커피 주전자 | keo-pi ju-jeon-ja |
| moulin (m) à café | 커피 그라인더 | keo-pi geu-ra-in-deo |
| | | |
| bouilloire (f) | 주전자 | ju-jeon-ja |
| théière (f) | 티팟 | ti-pat |
| couvercle (m) | 뚜껑 | ttu-kkeong |
| passoire (f) à thé | 차거름망 | cha-geo-reum-mang |
| | | |
| cuillère (f) | 숟가락 | sut-ga-rak |
| petite cuillère (f) | 티스푼 | ti-seu-pun |
| cuillère (f) à soupe | 숟가락 | sut-ga-rak |
| fourchette (f) | 포크 | po-keu |
| couteau (m) | 칼 | kal |
| | | |
| vaisselle (f) | 식기 | sik-gi |
| assiette (f) | 접시 | jeop-si |
| soucoupe (f) | 받침 접시 | bat-chim jeop-si |
| | | |
| verre (m) à shot | 소주잔 | so-ju-jan |
| verre (m) (~ d'eau) | 유리잔 | yu-ri-jan |
| tasse (f) | 컵 | keop |
| | | |
| sucrier (m) | 설탕그릇 | seol-tang-geu-reut |
| salière (f) | 소금통 | so-geum-tong |
| poivrière (f) | 후추통 | hu-chu-tong |
| beurrier (m) | 버터 접시 | beo-teo jeop-si |
| | | |
| casserole (f) | 냄비 | naem-bi |
| poêle (f) | 프라이팬 | peu-ra-i-paen |
| louche (f) | 국자 | guk-ja |
| passoire (f) | 체 | che |
| plateau (m) | 쟁반 | jaeng-ban |
| | | |
| bouteille (f) | 병 | byeong |
| bocal (m) (à conserves) | 유리병 | yu-ri-byeong |
| boîte (f) en fer-blanc | 캔, 깡통 | kaen, kkang-tong |
| | | |
| ouvre-bouteille (m) | 병따개 | byeong-tta-gae |
| ouvre-boîte (m) | 깡통 따개 | kkang-tong tta-gae |
| tire-bouchon (m) | 코르크 마개 뽑이 | ko-reu-keu ma-gae ppo-bi |
| filtre (m) | 필터 | pil-teo |
| filtrer (vt) | 여과하다 | yeo-gwa-ha-da |
| | | |
| ordures (f pl) | 쓰레기 | sseu-re-gi |
| poubelle (f) | 쓰레기통 | sseu-re-gi-tong |

## 92. La salle de bains

| | | |
|---|---|---|
| salle (f) de bains | 욕실 | yok-sil |
| eau (f) | 물 | mul |
| robinet (m) | 수도꼭지 | su-do-kkok-ji |
| eau (f) chaude | 온수 | on-su |
| eau (f) froide | 냉수 | naeng-su |

| dentifrice (m) | 치약 | chi-yak |
| se brosser les dents | 이를 닦다 | i-reul dak-da |

| se raser (vp) | 깎다 | kkak-da |
| mousse (f) à raser | 면도 크림 | myeon-do keu-rim |
| rasoir (m) | 면도기 | myeon-do-gi |

| laver (vt) | 씻다 | ssit-da |
| se laver (vp) | 목욕하다 | mo-gyok-a-da |
| douche (f) | 샤워 | sya-wo |
| prendre une douche | 샤워하다 | sya-wo-ha-da |

| baignoire (f) | 욕조 | yok-jo |
| cuvette (f) | 변기 | byeon-gi |
| lavabo (m) | 세면대 | se-myeon-dae |

| savon (m) | 비누 | bi-nu |
| porte-savon (m) | 비누 그릇 | bi-nu geu-reut |

| éponge (f) | 스펀지 | seu-peon-ji |
| shampooing (m) | 샴푸 | syam-pu |
| serviette (f) | 수건 | su-geon |
| peignoir (m) de bain | 목욕가운 | mo-gyok-ga-un |

| lessive (f) (faire la ~) | 빨래 | ppal-lae |
| machine (f) à laver | 세탁기 | se-tak-gi |
| faire la lessive | 빨래하다 | ppal-lae-ha-da |
| lessive (f) (poudre) | 가루세제 | ga-ru-se-je |

## 93. Les appareils électroménagers

| téléviseur (m) | 텔레비전 | tel-le-bi-jeon |
| magnétophone (m) | 카세트 플레이어 | ka-se-teu peul-le-i-eo |
| magnétoscope (m) | 비디오테이프 녹화기 | bi-di-o-te-i-peu nok-wa-gi |
| radio (f) | 라디오 | ra-di-o |
| lecteur (m) | 플레이어 | peul-le-i-eo |

| vidéoprojecteur (m) | 프로젝터 | peu-ro-jek-teo |
| home cinéma (m) | 홈씨어터 | hom-ssi-eo-teo |
| lecteur DVD (m) | 디비디 플레이어 | di-bi-di peul-le-i-eo |
| amplificateur (m) | 앰프 | aem-peu . |
| console (f) de jeux | 게임기 | ge-im-gi |

| caméscope (m) | 캠코더 | kaem-ko-deo |
| appareil (m) photo | 카메라 | ka-me-ra |
| appareil (m) photo numérique | 디지털 카메라 | di-ji-teol ka-me-ra |

| aspirateur (m) | 진공 청소기 | jin-gong cheong-so-gi |
| fer (m) à repasser | 다리미 | da-ri-mi |
| planche (f) à repasser | 다림질 판 | da-rim-jil pan |

| téléphone (m) | 전화 | jeon-hwa |
| portable (m) | 휴대폰 | hyu-dae-pon |
| machine (f) à écrire | 타자기 | ta-ja-gi |

| machine (f) à coudre | 재봉틀 | jae-bong-teul |
| micro (m) | 마이크 | ma-i-keu |
| écouteurs (m pl) | 헤드폰 | he-deu-pon |
| télécommande (f) | 원격 조종 | won-gyeok jo-jong |

| CD (m) | 씨디 | ssi-di |
| cassette (f) | 테이프 | te-i-peu |
| disque (m) (vinyle) | 레코드 판 | re-ko-deu pan |

## 94. Les travaux de réparation et de rénovation

| rénovation (f) | 수리를 | su-ri-reul |
| faire la rénovation | 수리를 하다 | su-ri-reul ha-da |
| réparer (vt) | 보수하다 | bo-su-ha-da |
| remettre en ordre | 정리하다 | jeong-ni-ha-da |
| refaire (vt) | 다시 하다 | da-si ha-da |

| peinture (f) | 페인트 | pe-in-teu |
| peindre (des murs) | 페인트를 칠하다 | pe-in-teu-reul chil-ha-da |
| peintre (m) en bâtiment | 페인트공 | pe-in-teu-gong |
| pinceau (m) | 붓 | but |

| chaux (f) | 백색 도료 | baek-saek do-ryo |
| blanchir à la chaux | 백색 도료를 칠하다 | baek-saek do-ryo-reul chil-ha-da |

| papier (m) peint | 벽지 | byeok-ji |
| tapisser (vt) | 벽지를 붙이다 | byeok-ji-reul bu-chi-da |
| vernis (m) | 니스 | ni-seu |
| vernir (vt) | 니스를 칠하다 | ni-seu-reul chil-ha-da |

## 95. La plomberie

| eau (f) | 물 | mul |
| eau (f) chaude | 온수 | on-su |
| eau (f) froide | 냉수 | naeng-su |
| robinet (m) | 수도꼭지 | su-do-kkok-ji |

| goutte (f) | 물방울 | mul-bang-ul |
| goutter (vi) | 방울져 떨어지다 | bang-ul-jyeo tteo-reo-ji-da |
| fuir (tuyau) | 새다 | sae-da |
| fuite (f) | 누출 | nu-chul |
| flaque (f) | 웅덩이 | ung-deong-i |

| tuyau (m) | 관, 파이프 | gwan, pa-i-peu |
| valve (f) | 밸브 | bael-beu |
| se boucher (vp) | 막히다 | mak-i-da |

| outils (m pl) | 공구 | gong-gu |
| clé (f) réglable | 멍키렌치 | meong-ki-ren-chi |
| dévisser (vt) | 열리다 | yeol-li-da |
| visser (vt) | 돌려서 조이다 | dol-lyeo-seo jo-i-da |

| déboucher (vt) | ··· 를 뚫다 | ... reul ttul-ta |
| plombier (m) | 배관공 | bae-gwan-gong |
| sous-sol (m) | 지하실 | ji-ha-sil |
| égouts (m pl) | 하수도 | ha-su-do |

## 96. L'incendie

| feu (m) | 불 | bul |
| flamme (f) | 화염 | hwa-yeom |
| étincelle (f) | 불똥 | bul-ttong |
| fumée (f) | 연기 | yeon-gi |
| flambeau (m) | 횃불 | hwaet-bul |
| feu (m) de bois | 모닥불 | mo-dak-bul |

| essence (f) | 휘발유, 가솔린 | hwi-ba-ryu, ga-sol-lin |
| kérosène (m) | 등유 | deung-yu |
| inflammable (adj) | 가연성의 | ga-yeon-seong-ui |
| explosif (adj) | 폭발성의 | pok-bal-seong-ui |
| DÉFENSE DE FUMER | 금연 | geu-myeon |

| sécurité (f) | 안전 | an-jeon |
| danger (m) | 위험 | wi-heom |
| dangereux (adj) | 위험한 | wi-heom-han |

| prendre feu | 불이 붙다 | bu-ri but-da |
| explosion (f) | 폭발 | pok-bal |
| mettre feu | 방화하다 | bang-hwa-ha-da |
| incendiaire (m) | 방화범 | bang-hwa-beom |
| incendie (m) prémédité | 방화 | bang-hwa |

| flamboyer (vi) | 활활 타다 | hwal-hwal ta-da |
| brûler (vi) | 타다 | ta-da |
| brûler complètement | 불에 타다 | bu-re ta-da |

| pompier (m) | 소방관 | so-bang-gwan |
| voiture (f) de pompiers | 소방차 | so-bang-cha |
| sapeurs-pompiers (pl) | 소방대 | so-bang-dae |

| tuyau (m) d'incendie | 소방 호스 | so-bang ho-seu |
| extincteur (m) | 소화기 | so-hwa-gi |
| casque (m) | 헬멧 | hel-met |
| sirène (f) | 사이렌 | sa-i-ren |

| crier (vi) | 소리치다 | so-ri-chi-da |
| appeler au secours | 도와 달라고 외치다 | do-wa dal-la-go oe-chi-da |
| secouriste (m) | 구조자 | gu-jo-ja |
| sauver (vt) | 구조하다 | gu-jo-ha-da |

| venir (vi) | 도착하다 | do-chak-a-da |
| éteindre (feu) | 끄다 | kkeu-da |
| eau (f) | 물 | mul |
| sable (m) | 모래 | mo-rae |
| ruines (f pl) | 폐허 | pye-heo |
| tomber en ruine | 붕괴되다 | bung-goe-doe-da |

| | | |
|---|---|---|
| s'écrouler (vp) | 무너지다 | mu-neo-ji-da |
| s'effondrer (vp) | 무너지다 | mu-neo-ji-da |
| morceau (m) (de mur, etc.) | 파편 | pa-pyeon |
| cendre (f) | 재 | jae |
| mourir étouffé | 질식하다 | jil-sik-a-da |
| périr (vi) | 사망하다 | sa-mang-ha-da |

# LES ACTIVITÉS HUMAINS

## Le travail. Les affaires. Partie 1

**97. Les opérations bancaires**

| | | |
|---|---|---|
| banque (f) | 은행 | eun-haeng |
| agence (f) bancaire | 지점 | ji-jeom |
| | | |
| conseiller (m) | 행원 | haeng-won |
| gérant (m) | 지배인 | ji-bae-in |
| | | |
| compte (m) | 은행계좌 | eun-haeng-gye-jwa |
| numéro (m) du compte | 계좌 번호 | gye-jwa beon-ho |
| compte (m) courant | 당좌 | dang-jwa |
| compte (m) sur livret | 보통 예금 | bo-tong ye-geum |
| | | |
| ouvrir un compte | 계좌를 열다 | gye-jwa-reul ryeol-da |
| clôturer le compte | 계좌를 해지하다 | gye-jwa-reul hae-ji-ha-da |
| verser dans le compte | 계좌에 입금하다 | ip-geum-ha-da |
| retirer du compte | 출금하다 | chul-geum-ha-da |
| | | |
| dépôt (m) | 저금 | jeo-geum |
| faire un dépôt | 입금하다 | ip-geum-ha-da |
| virement (m) bancaire | 송금 | song-geum |
| faire un transfert | 송금하다 | song-geum-ha-da |
| | | |
| somme (f) | 액수 | aek-su |
| Combien? | 얼마? | eol-ma? |
| | | |
| signature (f) | 서명 | seo-myeong |
| signer (vt) | 서명하다 | seo-myeong-ha-da |
| | | |
| carte (f) de crédit | 신용 카드 | si-nyong ka-deu |
| code (m) | 비밀번호 | bi-mil-beon-ho |
| | | |
| numéro (m) de carte de crédit | 신용 카드 번호 | si-nyong ka-deu beon-ho |
| distributeur (m) | 현금 자동 지급기 | hyeon-geum ja-dong ji-geup-gi |
| | | |
| chèque (m) | 수표 | su-pyo |
| faire un chèque | 수표를 끊다 | su-pyo-reul kkeun-ta |
| chéquier (m) | 수표책 | su-pyo-chaek |
| | | |
| crédit (m) | 대출 | dae-chul |
| demander un crédit | 대출 신청하다 | dae-chul sin-cheong-ha-da |
| prendre un crédit | 대출을 받다 | dae-chu-reul bat-da |
| accorder un crédit | 대출하다 | dae-chul-ha-da |
| gage (m) | 담보 | dam-bo |

## 98. Le téléphone. La conversation téléphonique

| | | |
|---|---|---|
| téléphone (m) | 전화 | jeon-hwa |
| portable (m) | 휴대폰 | hyu-dae-pon |
| répondeur (m) | 자동 응답기 | ja-dong eung-dap-gi |
| téléphoner, appeler | 전화하다 | jeon-hwa-ha-da |
| appel (m) | 통화 | tong-hwa |
| composer le numéro | 번호로 걸다 | beon-ho-ro geol-da |
| Allô! | 여보세요! | yeo-bo-se-yo! |
| demander (~ l'heure) | 묻다 | mut-da |
| répondre (vi, vt) | 전화를 받다 | jeon-hwa-reul bat-da |
| entendre (bruit, etc.) | 듣다 | deut-da |
| bien (adv) | 잘 | jal |
| mal (adv) | 좋지 않은 | jo-chi a-neun |
| bruits (m pl) | 잡음 | ja-beum |
| récepteur (m) | 수화기 | su-hwa-gi |
| décrocher (vt) | 전화를 받다 | jeon-hwa-reul bat-da |
| raccrocher (vi) | 전화를 끊다 | jeon-hwa-reul kkeun-ta |
| occupé (adj) | 통화 중인 | tong-hwa jung-in |
| sonner (vi) | 울리다 | ul-li-da |
| carnet (m) de téléphone | 전화 번호부 | jeon-hwa beon-ho-bu |
| local (adj) | 시내의 | si-nae-ui |
| interurbain (adj) | 장거리의 | jang-geo-ri-ui |
| international (adj) | 국제적인 | guk-je-jeo-gin |

## 99. Le téléphone portable

| | | |
|---|---|---|
| portable (m) | 휴대폰 | hyu-dae-pon |
| écran (m) | 화면 | hwa-myeon |
| bouton (m) | 버튼 | beo-teun |
| carte SIM (f) | SIM 카드 | SIM ka-deu |
| pile (f) | 건전지 | geon-jeon-ji |
| être déchargé | 나가다 | na-ga-da |
| chargeur (m) | 충전기 | chung-jeon-gi |
| menu (m) | 메뉴 | me-nyu |
| réglages (m pl) | 설정 | seol-jeong |
| mélodie (f) | 벨소리 | bel-so-ri |
| sélectionner (vt) | 선택하다 | seon-taek-a-da |
| calculatrice (f) | 계산기 | gye-san-gi |
| répondeur (m) | 자동 응답기 | ja-dong eung-dap-gi |
| réveil (m) | 알람 시계 | al-lam si-gye |
| contacts (m pl) | 연락처 | yeol-lak-cheo |
| SMS (m) | 문자 메시지 | mun-ja me-si-ji |
| abonné (m) | 가입자 | ga-ip-ja |

## 100. La papeterie

| | | |
|---|---|---|
| stylo (m) à bille | 볼펜 | bol-pen |
| stylo (m) à plume | 만년필 | man-nyeon-pil |
| crayon (m) | 연필 | yeon-pil |
| marqueur (m) | 형광펜 | hyeong-gwang-pen |
| feutre (m) | 사인펜 | sa-in-pen |
| bloc-notes (m) | 공책 | gong-chaek |
| agenda (m) | 수첩 | su-cheop |
| règle (f) | 자 | ja |
| calculatrice (f) | 계산기 | gye-san-gi |
| gomme (f) | 지우개 | ji-u-gae |
| punaise (f) | 압정 | ap-jeong |
| trombone (m) | 클립 | keul-lip |
| colle (f) | 접착제 | jeop-chak-je |
| agrafeuse (f) | 호치키스 | ho-chi-ki-seu |
| perforateur (m) | 펀치 | peon-chi |
| taille-crayon (m) | 연필깎이 | yeon-pil-kka-kki |

# Le travail. Les affaires. Partie 2

## 101. Les médias de masse

| | | |
|---|---|---|
| journal (m) | 신문 | sin-mun |
| revue (f) | 잡지 | jap-ji |
| presse (f) | 언론 | eon-non |
| radio (f) | 라디오 | ra-di-o |
| station (f) de radio | 라디오 방송국 | ra-di-o bang-song-guk |
| télévision (f) | 텔레비전 | tel-le-bi-jeon |
| | | |
| animateur (m) | 진행자 | jin-haeng-ja |
| présentateur (m) de journaux télévisés | 아나운서 | a-na-un-seo |
| commentateur (m) | 해설가 | hae-seol-ga |
| | | |
| journaliste (m) | 저널리스트 | jeo-neol-li-seu-teu |
| correspondant (m) | 특파원 | teuk-pa-won |
| reporter photographe (m) | 사진 기자 | sa-jin gi-ja |
| reporter (m) | 리포터 | ri-po-teo |
| | | |
| rédacteur (m) | 편집자 | pyeon-jip-ja |
| rédacteur (m) en chef | 편집장 | pyeon-jip-jang |
| | | |
| s'abonner (vp) | … 를 구독하다 | … reul gu-dok-a-da |
| abonnement (m) | 구독 | gu-dok |
| abonné (m) | 구독자 | gu-dok-ja |
| lire (vi, vt) | 읽다 | ik-da |
| lecteur (m) | 독자 | dok-ja |
| | | |
| tirage (m) | 발행 부수 | bal-haeng bu-su |
| mensuel (adj) | 월간의 | wol-ga-nui |
| hebdomadaire (adj) | 주간의 | ju-ga-nui |
| numéro (m) | 호 | ho |
| nouveau (~ numéro) | 최신의 | choe-si-nui |
| | | |
| titre (m) | 헤드라인 | he-deu-ra-in |
| entrefilet (m) | 짧은 기사 | jjal-beun gi-sa |
| rubrique (f) | 칼럼 | kal-leom |
| article (m) | 기사 | gi-sa |
| page (f) | 페이지 | pe-i-ji |
| | | |
| reportage (m) | 보도 | bo-do |
| événement (m) | 사건 | sa-geon |
| sensation (f) | 센세이션 | sen-se-i-syeon |
| scandale (m) | 스캔들 | seu-kaen-deul |
| scandaleux | 스캔들의 | seu-kaen-deu-rui |
| grand (~ scandale) | 엄청난 | eom-cheong-nan |
| émission (f) | 쇼 | syo |
| interview (f) | 인터뷰 | in-teo-byu |

| émission (f) en direct | 라이브 방송 | ra-i-beu bang-song |
| chaîne (f) (~ payante) | 채널 | chae-neol |

## 102. L'agriculture

| agriculture (f) | 농업 | nong-eop |
| paysan (m) | 소작농 | so-jang-nong |
| paysanne (f) | 소작농 | so-jang-nong |
| fermier (m) | 농부 | nong-bu |

| tracteur (m) | 트랙터 | teu-raek-teo |
| moissonneuse-batteuse (f) | 콤바인 | kom-ba-in |

| charrue (f) | 쟁기 | jaeng-gi |
| labourer (vt) | 땅을 갈다 | ttang-eul gal-da |
| champ (m) labouré | 한 쟁기의 땅 | han jaeng-gi-ui ttang |
| sillon (m) | 고랑 | go-rang |

| semer (vt) | 뿌리다 | ppu-ri-da |
| semeuse (f) | 파종기 | pa-jong-gi |
| semailles (f pl) | 씨뿌리기 | pa-jong |

| faux (f) | 긴 낫 | gin nat |
| faucher (vt) | 낫질하다 | nat-jil-ha-da |

| pelle (f) | 삽 | sap |
| bêcher (vt) | 갈다 | gal-da |

| couperet (m) | 호미 | ho-mi |
| sarcler (vt) | 풀을 뽑다 | pu-reul ppop-da |
| mauvaise herbe (f) | 잡초 | jap-cho |

| arrosoir (m) | 물뿌리개 | mul-ppu-ri-gae |
| arroser (plantes) | 물을 주다 | mu-reul ju-da |
| arrosage (m) | 살수 | sal-su |

| fourche (f) | 쇠스랑 | soe-seu-rang |
| râteau (m) | 갈퀴 | gal-kwi |

| engrais (m) | 비료 | bi-ryo |
| engraisser (vt) | 비료를 주다 | bi-ryo-reul ju-da |
| fumier (m) | 거름 | geo-reum |

| champ (m) | 밭 | bat |
| pré (m) | 풀밭 | pul-bat |
| potager (m) | 채소밭 | chae-so-bat |
| jardin (m) | 과수원 | gwa-su-won |

| faire paître | 방목하다 | bang-mo-ka-da |
| berger (m) | 목동 | mok-dong |
| pâturage (m) | 목초지 | mok-cho-ji |

| élevage (m) | 목축 | mok-chuk |
| élevage (m) de moutons | 목양 | mo-gyang |

| plantation (f) | 농원 | nong-won |
| plate-bande (f) | 이랑 | i-rang |
| serre (f) | 온실 | on-sil |

| sécheresse (f) | 가뭄 | ga-mum |
| sec (l'été ~) | 건조한 | geon-jo-han |

| céréales (f pl) | 곡류 | gong-nyu |
| récolter (vt) | 수확하다 | su-hwak-a-da |

| meunier (m) | 제분업자 | je-bun-eop-ja |
| moulin (m) | 제분소 | je-bun-so |
| moudre (vt) | 제분하다 | je-bun-ha-da |
| farine (f) | 밀가루 | mil-ga-ru |
| paille (f) | 짚 | jip |

## 103. Le BTP et la construction

| chantier (m) | 공사장 | gong-sa-jang |
| construire (vt) | 건설하다 | geon-seol-ha-da |
| ouvrier (m) du bâtiment | 공사장 인부 | gong-sa-jang in-bu |

| projet (m) | 프로젝트 | peu-ro-jek-teu |
| architecte (m) | 건축가 | geon-chuk-ga |
| ouvrier (m) | 노동자 | no-dong-ja |

| fondations (f pl) | 기초 | gi-cho |
| toit (m) | 지붕 | ji-bung |
| pieu (m) de fondation | 기초 말뚝 | gi-cho mal-ttuk |
| mur (m) | 벽 | byeok |

| ferraillage (m) | 철근 | cheol-geun |
| échafaudage (m) | 비계 | bi-gye |

| béton (m) | 콘크리트 | kon-keu-ri-teu |
| granit (m) | 화강암 | hwa-gang-am |
| pierre (f) | 돌 | dol |
| brique (f) | 벽돌 | byeok-dol |

| sable (m) | 모래 | mo-rae |
| ciment (m) | 시멘트 | si-men-teu |
| plâtre (m) | 회반죽 | hoe-ban-juk |
| plâtrer (vt) | 회반죽을 칠하다 | hoe-ban-ju-geul chil-ha-da |
| peinture (f) | 페인트 | pe-in-teu |
| peindre (des murs) | 페인트를 칠하다 | pe-in-teu-reul chil-ha-da |
| tonneau (m) | 통 | tong |

| grue (f) | 크레인 | keu-re-in |
| monter (vt) | 올리다 | ol-li-da |
| abaisser (vt) | 내리다 | nae-ri-da |

| bulldozer (m) | 불도저 | bul-do-jeo |
| excavateur (m) | 굴착기 | gul-chak-gi |
| godet (m) | 굴삭기 버킷 | beo-kit |

| creuser (vt) | 파다 | pa-da |
| casque (m) | 안전모 | an-jeon-mo |

# Les professions. Les mètiers

## 104. La recherche d'emploi. Le licenciement

| | | |
|---|---|---|
| travail (m) | 직업 | ji-geop |
| personnel (m) | 직원 | ji-gwon |
| carrière (f) | 경력 | gyeong-nyeok |
| perspective (f) | 전망 | jeon-mang |
| maîtrise (f) | 숙달 | suk-dal |
| sélection (f) | 선발 | seon-bal |
| agence (f) de recrutement | 직업 소개소 | ji-geop so-gae-so |
| C.V. (m) | 이력서 | |
| entretien (m) | 면접 | myeon-jeop |
| emploi (m) vacant | 결원 | gyeo-rwon |
| salaire (m) | 급여, 월급 | geu-byeo, wol-geup |
| salaire (m) fixe | 고정급 | go-jeong-geup |
| rémunération (f) | 급료 | geum-nyo |
| poste (m) (~ évolutif) | 직위 | ji-gwi |
| fonction (f) | 의무 | ui-mu |
| liste (f) des fonctions | 업무범위 | eom-mu-beom-wi |
| occupé (adj) | 바쁜 | ba-ppeun |
| licencier (vt) | 해고하다 | hae-go-ha-da |
| licenciement (m) | 해고 | hae-go |
| chômage (m) | 실업 | si-reop |
| chômeur (m) | 실업자 | si-reop-ja |
| retraite (f) | 은퇴 | eun-toe |
| prendre sa retraite | 은퇴하다 | eun-toe-ha-da |

## 105. Les hommes d'affaires

| | | |
|---|---|---|
| directeur (m) | 사장 | sa-jang |
| gérant (m) | 지배인 | ji-bae-in |
| patron (m) | 상사 | sang-sa |
| supérieur (m) | 상사 | sang-sa |
| supérieurs (m pl) | 상사 | sang-sa |
| président (m) | 회장 | hoe-jang |
| président (m) (d'entreprise) | 의장 | ui-jang |
| adjoint (m) | 부 ⋯ | bu ... |
| assistant (m) | 조수 | jo-su |
| secrétaire (m, f) | 비서 | bi-seo |

| | | |
|---|---|---|
| secrétaire (m, f) personnel | 개인 비서 | gae-in bi-seo |
| homme (m) d'affaires | 사업가 | sa-eop-ga |
| entrepreneur (m) | 사업가 | sa-eop-ga |
| fondateur (m) | 설립자 | seol-lip-ja |
| fonder (vt) | 설립하다 | seol-li-pa-da |
| | | |
| fondateur (m) | 설립자 | seol-lip-ja |
| partenaire (m) | 파트너 | pa-teu-neo |
| actionnaire (m) | 주주 | ju-ju |
| | | |
| millionnaire (m) | 백만장자 | baeng-man-jang-ja |
| milliardaire (m) | 억만장자 | eong-man-jang-ja |
| propriétaire (m) | 소유자 | so-yu-ja |
| propriétaire (m) foncier | 토지 소유자 | to-ji so-yu-ja |
| | | |
| client (m) | 고객 | go-gaek |
| client (m) régulier | 단골 | dan-gol |
| acheteur (m) | 구매자 | gu-mae-ja |
| visiteur (m) | 방문객 | bang-mun-gaek |
| | | |
| professionnel (m) | 전문가 | jeon-mun-ga |
| expert (m) | 전문가 | jeon-mun-ga |
| spécialiste (m) | 전문가 | jeon-mun-ga |
| | | |
| banquier (m) | 은행가 | eun-haeng-ga |
| courtier (m) | 브로커 | beu-ro-keo |
| | | |
| caissier (m) | 계산원 | gye-san-won |
| comptable (m) | 회계사 | hoe-gye-sa |
| agent (m) de sécurité | 보안요원 | bo-a-nyo-won |
| | | |
| investisseur (m) | 투자가 | tu-ja-ga |
| débiteur (m) | 채무자 | chae-mu-ja |
| créancier (m) | 빚쟁이 | bit-jaeng-i |
| emprunteur (m) | 차용인 | cha-yong-in |
| | | |
| importateur (m) | 수입업자 | su-i-beop-ja |
| exportateur (m) | 수출업자 | su-chu-reop-ja |
| | | |
| producteur (m) | 생산자 | saeng-san-ja |
| distributeur (m) | 배급업자 | bae-geu-beop-ja |
| intermédiaire (m) | 중간상인 | jung-gan-sang-in |
| | | |
| conseiller (m) | 컨설턴트 | keon-seol-teon-teu |
| représentant (m) | 판매 대리인 | pan-mae dae-ri-in |
| agent (m) | 중개인 | jung-gae-in |
| agent (m) d'assurances | 보험설계사 | bo-heom-seol-gye-sa |

## 106. Les mètiers des services

| | | |
|---|---|---|
| cuisinier (m) | 요리사 | yo-ri-sa |
| cuisinier (m) en chef | 주방장 | ju-bang-jang |
| boulanger (m) | 제빵사 | je-ppang-sa |
| barman (m) | 바텐더 | ba-ten-deo |

| | | |
|---|---|---|
| serveur (m) | 웨이터 | we-i-teo |
| serveuse (f) | 웨이트리스 | we-i-teu-ri-seu |
| | | |
| avocat (m) | 변호사 | byeon-ho-sa |
| juriste (m) | 법률고문 | beom-nyul-go-mun |
| notaire (m) | 공증인 | gong-jeung-in |
| | | |
| électricien (m) | 전기 기사 | jeon-gi gi-sa |
| plombier (m) | 배관공 | bae-gwan-gong |
| charpentier (m) | 목수 | mok-su |
| | | |
| masseur (m) | 안마사 | an-ma-sa |
| masseuse (f) | 안마사 | an-ma-sa |
| médecin (m) | 의사 | ui-sa |
| | | |
| chauffeur (m) de taxi | 택시 운전 기사 | taek-si un-jeon gi-sa |
| chauffeur (m) | 운전 기사 | un-jeon gi-sa |
| livreur (m) | 배달원 | bae-da-rwon |
| | | |
| femme (f) de chambre | 객실 청소부 | gaek-sil cheong-so-bu |
| agent (m) de sécurité | 보안요원 | bo-a-nyo-won |
| hôtesse (f) de l'air | 승무원 | seung-mu-won |
| | | |
| professeur (m) | 선생님 | seon-saeng-nim |
| bibliothécaire (m) | 사서 | sa-seo |
| traducteur (m) | 번역가 | beo-nyeok-ga |
| interprète (m) | 통역가 | tong-yeok-ga |
| guide (m) | 가이드 | ga-i-deu |
| | | |
| coiffeur (m) | 미용사 | mi-yong-sa |
| facteur (m) | 우체부 | u-che-bu |
| vendeur (m) | 점원 | jeom-won |
| | | |
| jardinier (m) | 정원사 | jeong-won-sa |
| serviteur (m) | 하인 | ha-in |
| servante (f) | 하녀 | ha-nyeo |
| femme (f) de ménage | 청소부 | cheong-so-bu |

## 107. Les professions militaires et leurs grades

| | | |
|---|---|---|
| soldat (m) (grade) | 일병 | il-byeong |
| sergent (m) | 병장 | byeong-jang |
| lieutenant (m) | 중위 | jung-wi |
| capitaine (m) | 대위 | dae-wi |
| | | |
| commandant (m) | 소령 | so-ryeong |
| colonel (m) | 대령 | dae-ryeong |
| général (m) | 장군 | jang-gun |
| maréchal (m) | 원수 | won-su |
| amiral (m) | 제독 | je-dok |
| | | |
| militaire (m) | 군인 | gun-in |
| soldat (m) | 군인 | gun-in |
| officier (m) | 장교 | jang-gyo |

| commandant (m) | 사령관 | sa-ryeong-gwan |
|---|---|---|
| garde-frontière (m) | 국경 수비대원 | guk-gyeong su-bi-dae-won |
| opérateur (m) radio | 무선 기사 | mu-seon gi-sa |
| éclaireur (m) | 정찰병 | jeong-chal-byeong |
| démineur (m) | 공병대원 | gong-byeong-dae-won |
| tireur (m) | 사수 | sa-su |
| navigateur (m) | 항법사 | hang-beop-sa |

## 108. Les fonctionnaires. Les prêtres

| roi (m) | 왕 | wang |
|---|---|---|
| reine (f) | 여왕 | yeo-wang |
| prince (m) | 왕자 | wang-ja |
| princesse (f) | 공주 | gong-ju |
| tsar (m) | 차르 | cha-reu |
| tsarine (f) | 여황제 | yeo-hwang-je |
| président (m) | 대통령 | dae-tong-nyeong |
| ministre (m) | 장관 | jang-gwan |
| premier ministre (m) | 총리 | chong-ni |
| sénateur (m) | 상원의원 | sang-won-ui-won |
| diplomate (m) | 외교관 | oe-gyo-gwan |
| consul (m) | 영사 | yeong-sa |
| ambassadeur (m) | 대사 | dae-sa |
| conseiller (m) | 고문관 | go-mun-gwan |
| fonctionnaire (m) | 공무원 | gong-mu-won |
| préfet (m) | 도지사, 현감 | do-ji-sa, hyeon-gam |
| maire (m) | 시장 | si-jang |
| juge (m) | 판사 | pan-sa |
| procureur (m) | 검사 | geom-sa |
| missionnaire (m) | 선교사 | seon-gyo-sa |
| moine (m) | 수도사 | su-do-sa |
| abbé (m) | 수도원장 | su-do-won-jang |
| rabbin (m) | 랍비 | rap-bi |
| vizir (m) | 고관 | go-gwan |
| shah (m) | 샤 | sya |
| cheik (m) | 셰이크 | sye-i-keu |

## 109. Les professions agricoles

| apiculteur (m) | 양봉가 | yang-bong-ga |
|---|---|---|
| berger (m) | 목동 | mok-dong |
| agronome (m) | 농학자 | nong-hak-ja |
| éleveur (m) | 목축업자 | mok-chu-geop-ja |
| vétérinaire (m) | 수의사 | su-ui-sa |

| fermier (m) | 농부 | nong-bu |
| vinificateur (m) | 포도주 제조자 | po-do-ju je-jo-ja |
| zoologiste (m) | 동물학자 | dong-mul-hak-ja |
| cow-boy (m) | 카우보이 | ka-u-bo-i |

## 110. Les professions artistiques

| acteur (m) | 배우 | bae-u |
| actrice (f) | 여배우 | yeo-bae-u |

| chanteur (m) | 가수 | ga-su |
| cantatrice (f) | 여가수 | yeo-ga-su |

| danseur (m) | 무용가 | mu-yong-ga |
| danseuse (f) | 여성 무용가 | yeo-seong mu-yong-ga |

| artiste (m) | 공연자 | gong-yeon-ja |
| artiste (f) | 여성 공연자 | yeo-seong gong-yeon-ja |

| musicien (m) | 음악가 | eum-ak-ga |
| pianiste (m) | 피아니스트 | pi-a-ni-seu-teu |
| guitariste (m) | 기타 연주자 | gi-ta yeon-ju-ja |

| chef (m) d'orchestre | 지휘자 | ji-hwi-ja |
| compositeur (m) | 작곡가 | jak-gok-ga |
| imprésario (m) | 기획자 | gi-hoek-ja |

| metteur (m) en scène | 영화감독 | yeong-hwa-gam-dok |
| producteur (m) | 제작자 | je-jak-ja |
| scénariste (m) | 시나리오 작가 | si-na-ri-o jak-ga |
| critique (m) | 미술 비평가 | mi-sul bi-pyeong-ga |

| écrivain (m) | 작가 | jak-ga |
| poète (m) | 시인 | si-in |
| sculpteur (m) | 조각가 | jo-gak-ga |
| peintre (m) | 화가 | hwa-ga |

| jongleur (m) | 저글러 | jeo-geul-leo |
| clown (m) | 어릿광대 | eo-rit-gwang-dae |
| acrobate (m) | 곡예사 | go-gye-sa |
| magicien (m) | 마술사 | ma-sul-sa |

## 111. Les différents mètiers

| médecin (m) | 의사 | ui-sa |
| infirmière (f) | 간호사 | gan-ho-sa |
| psychiatre (m) | 정신과 의사 | jeong-sin-gwa ui-sa |
| stomatologue (m) | 치과 의사 | chi-gwa ui-sa |
| chirurgien (m) | 외과 의사 | oe-gwa ui-sa |

| astronaute (m) | 우주비행사 | u-ju-bi-haeng-sa |
| astronome (m) | 천문학자 | cheon-mun-hak-ja |

| | | |
|---|---|---|
| chauffeur (m) | 운전 기사 | un-jeon gi-sa |
| conducteur (m) de train | 기관사 | gi-gwan-sa |
| mécanicien (m) | 정비공 | jeong-bi-gong |
| | | |
| mineur (m) | 광부 | gwang-bu |
| ouvrier (m) | 노동자 | no-dong-ja |
| serrurier (m) | 자물쇠공 | ja-mul-soe-gong |
| menuisier (m) | 목수 | mok-su |
| tourneur (m) | 선반공 | seon-ban-gong |
| ouvrier (m) du bâtiment | 공사장 인부 | gong-sa-jang in-bu |
| soudeur (m) | 용접공 | yong-jeop-gong |
| | | |
| professeur (m) (titre) | 교수 | gyo-su |
| architecte (m) | 건축가 | geon-chuk-ga |
| historien (m) | 역사학자 | yeok-sa-hak-ja |
| savant (m) | 과학자 | gwa-hak-ja |
| physicien (m) | 물리학자 | mul-li-hak-ja |
| chimiste (m) | 화학자 | hwa-hak-ja |
| | | |
| archéologue (m) | 고고학자 | go-go-hak-ja |
| géologue (m) | 지질학자 | ji-jil-hak-ja |
| chercheur (m) | 연구원 | yeon-gu-won |
| | | |
| baby-sitter (m, f) | 애기보는 사람 | ae-gi-bo-neun sa-ram |
| pédagogue (m, f) | 교사 | gyo-sa |
| | | |
| rédacteur (m) | 편집자 | pyeon-jip-ja |
| rédacteur (m) en chef | 편집장 | pyeon-jip-jang |
| correspondant (m) | 통신원 | tong-sin-won |
| dactylographe (f) | 타이피스트 | ta-i-pi-seu-teu |
| | | |
| designer (m) | 디자이너 | di-ja-i-neo |
| informaticien (m) | 컴퓨터 전문가 | keom-pyu-teo jeon-mun-ga |
| programmeur (m) | 프로그래머 | peu-ro-geu-rae-meo |
| ingénieur (m) | 엔지니어 | en-ji-ni-eo |
| | | |
| marin (m) | 선원 | seon-won |
| matelot (m) | 수부 | su-bu |
| secouriste (m) | 구조자 | gu-jo-ja |
| | | |
| pompier (m) | 소방관 | so-bang-gwan |
| policier (m) | 경찰관 | gyeong-chal-gwan |
| veilleur (m) de nuit | 경비원 | gyeong-bi-won |
| détective (m) | 형사 | hyeong-sa |
| | | |
| douanier (m) | 세관원 | se-gwan-won |
| garde (m) du corps | 경호원 | gyeong-ho-won |
| gardien (m) de prison | 간수 | gan-su |
| inspecteur (m) | 감독관 | gam-dok-gwan |
| | | |
| sportif (m) | 스포츠맨 | seu-po-cheu-maen |
| entraîneur (m) | 코치 | ko-chi |
| boucher (m) | 정육점 주인 | jeong-yuk-jeom ju-in |
| cordonnier (m) | 구둣방 | gu-dut-bang |
| commerçant (m) | 상인 | sang-in |
| chargeur (m) | 하역부 | ha-yeok-bu |

| couturier (m) | 패션 디자이너 | pae-syeon di-ja-i-neo |
| modèle (f) | 모델 | mo-del |

## 112. Les occupations. Le statut social

| écolier (m) | 남학생 | nam-hak-saeng |
| étudiant (m) | 대학생 | dae-hak-saeng |

| philosophe (m) | 철학자 | cheol-hak-ja |
| économiste (m) | 경제 학자 | gyeong-je hak-ja |
| inventeur (m) | 발명가 | bal-myeong-ga |

| chômeur (m) | 실업자 | si-reop-ja |
| retraité (m) | 은퇴자 | eun-toe-ja |
| espion (m) | 비밀요원 | bi-mi-ryo-won |

| prisonnier (m) | 죄수 | joe-su |
| gréviste (m) | 파업자 | pa-eop-ja |
| bureaucrate (m) | 관료 | gwal-lyo |
| voyageur (m) | 여행자 | yeo-haeng-ja |

| homosexuel (m) | 동성애자 | dong-seong-ae-ja |
| hacker (m) | 해커 | hae-keo |

| bandit (m) | 산적 | san-jeok |
| tueur (m) à gages | 살인 청부업자 | sa-rin cheong-bu-eop-ja |
| drogué (m) | 마약 중독자 | ma-yak jung-dok-ja |
| trafiquant (m) de drogue | 마약 밀매자 | ma-yak mil-mae-ja |
| prostituée (f) | 매춘부 | mae-chun-bu |
| souteneur (m) | 포주 | po-ju |

| sorcier (m) | 마법사 | ma-beop-sa |
| sorcière (f) | 여자 마법사 | yeo-ja ma-beop-sa |
| pirate (m) | 해적 | hae-jeok |
| esclave (m) | 노예 | no-ye |
| samouraï (m) | 사무라이 | sa-mu-ra-i |
| sauvage (m) | 야만인 | ya-man-in |

# Le sport

## 113. Les types de sports. Les sportifs

| | | |
|---|---|---|
| sportif (m) | 스포츠맨 | seu-po-cheu-maen |
| type (m) de sport | 스포츠 종류 | seu-po-cheu jong-nyu |
| | | |
| basket-ball (m) | 농구 | nong-gu |
| basketteur (m) | 농구 선수 | nong-gu seon-su |
| | | |
| base-ball (m) | 야구 | ya-gu |
| joueur (m) de base-ball | 야구 선수 | ya-gu seon-su |
| | | |
| football (m) | 축구 | chuk-gu |
| joueur (m) de football | 축구 선수 | chuk-gu seon-su |
| gardien (m) de but | 골키퍼 | gol-ki-peo |
| | | |
| hockey (m) | 하키 | ha-ki |
| hockeyeur (m) | 하키 선수 | ha-ki seon-su |
| | | |
| volley-ball (m) | 배구 | bae-gu |
| joueur (m) de volley-ball | 배구 선수 | bae-gu seon-su |
| | | |
| boxe (f) | 권투 | gwon-tu |
| boxeur (m) | 권투 선수 | gwon-tu seon-su |
| | | |
| lutte (f) | 레슬링 | re-seul-ling |
| lutteur (m) | 레슬링 선수 | re-seul-ling seon-su |
| | | |
| karaté (m) | 가라테 | ga-ra-te |
| karatéka (m) | 가라테 선수 | ga-ra-te seon-su |
| | | |
| judo (m) | 유도 | yu-do |
| judoka (m) | 유도 선수 | yu-do seon-su |
| | | |
| tennis (m) | 테니스 | te-ni-seu |
| joueur (m) de tennis | 테니스 선수 | te-ni-seu seon-su |
| | | |
| natation (f) | 수영 | su-yeong |
| nageur (m) | 수영 선수 | su-yeong seon-su |
| | | |
| escrime (f) | 펜싱 | pen-sing |
| escrimeur (m) | 펜싱 선수 | pen-sing seon-su |
| | | |
| échecs (m pl) | 체스 | che-seu |
| joueur (m) d'échecs | 체스 선수 | che-seu seon-su |
| | | |
| alpinisme (m) | 등산 | deung-san |
| alpiniste (m) | 등산가 | deung-san-ga |
| course (f) | 달리기 | dal-li-gi |

| coureur (m) | 달리기 선수 | dal-li-gi seon-su |
| athlétisme (m) | 육상 경기 | yuk-sang gyeong-gi |
| athlète (m) | 선수 | seon-su |
| | | |
| équitation (f) | 승마 | seung-ma |
| cavalier (m) | 승마 선수 | seung-ma seon-su |
| | | |
| patinage (m) artistique | 피겨 스케이팅 | pi-gyeo seu-ke-i-ting |
| patineur (m) | 피겨 스케이팅 선수 | pi-gyeo seu-ke-i-ting seon-su |
| patineuse (f) | 피겨 스케이팅 선수 | pi-gyeo seu-ke-i-ting seon-su |
| | | |
| haltérophilie (f) | 역도 | yeok-do |
| haltérophile (m) | 역도 선수 | yeok-do seon-su |
| | | |
| course (f) automobile | 자동차 경주 | ja-dong-cha gyeong-ju |
| pilote (m) | 카레이서 | ka-re-i-seo |
| | | |
| cyclisme (m) | 자전거경기 | ja-jeon-geo-gyeong-gi |
| cycliste (m) | 자전거 선수 | ja-jeon-geo seon-su |
| | | |
| sauts (m pl) en longueur | 멀리뛰기 | meol-li-ttwi-gi |
| sauts (m pl) à la perche | 장대 높이뛰기 | jang-dae no-pi-ttwi-gi |
| sauteur (m) | 뛰기선수 | ttwi-gi-seon-su |

## 114. Les types de sports. Divers

| football (m) américain | 미식 축구 | mi-sik chuk-gu |
| badminton (m) | 배드민턴 | bae-deu-min-teon |
| biathlon (m) | 바이애슬론 | ba-i-ae-seul-lon |
| billard (m) | 당구 | dang-gu |
| | | |
| bobsleigh (m) | 봅슬레이 | bop-seul-le-i |
| bodybuilding (m) | 보디빌딩 | bo-di-bil-ding |
| water-polo (m) | 수구 | su-gu |
| handball (m) | 핸드볼 | haen-deu-bol |
| golf (m) | 골프 | gol-peu |
| | | |
| aviron (m) | 조정 | jo-jeong |
| plongée (f) | 스쿠버다이빙 | seu-ku-beo-da-i-bing |
| course (f) à skis | 크로스컨트리 스키 | keu-ro-seu-keon-teu-ri seu-ki |
| tennis (m) de table | 탁구 | tak-gu |
| | | |
| voile (f) | 요트타기 | yo-teu-ta-gi |
| rallye (m) | 랠리 | rael-li |
| rugby (m) | 럭비 | reok-bi |
| snowboard (m) | 스노보드 | seu-no-bo-deu |
| tir (m) à l'arc | 양궁 | yang-gung |

## 115. La salle de sport

| barre (f) à disques | 역기 | yeok-gi |
| haltères (m pl) | 아령 | a-ryeong |

| | | |
|---|---|---|
| appareil (m) d'entraînement | 운동 기구 | un-dong gi-gu |
| vélo (m) d'exercice | 헬스자전거 | hel-seu-ja-jeon-geo |
| tapis (m) roulant | 러닝 머신 | reo-ning meo-sin |
| | | |
| barre (f) fixe | 철봉 | cheol-bong |
| barres (pl) parallèles | 평행봉 | pyeong-haeng-bong |
| cheval (m) d'Arçons | 안마 | an-ma |
| tapis (m) gymnastique | 매트 | mae-teu |
| | | |
| aérobic (m) | 에어로빅 | e-eo-ro-bik |
| yoga (m) | 요가 | yo-ga |

## 116. Le sport. Divers

| | | |
|---|---|---|
| Jeux (m pl) olympiques | 올림픽 | ol-lim-pik |
| gagnant (m) | 승리자 | seung-ni-ja |
| remporter (vt) | 이기고 있다 | i-gi-go it-da |
| gagner (vi) | 이기다 | i-gi-da |
| | | |
| leader (m) | 선두 | seon-du |
| prendre la tête | 선두를 달리다 | seon-du-reul dal-li-da |
| | | |
| première place (f) | 일등 | il-deung |
| deuxième place (f) | 준우승 | seu-ko-eo-bo-deu |
| troisième place (f) | 3위 | sam-wi |
| | | |
| médaille (f) | 메달 | me-dal |
| trophée (m) | 트로피 | teu-ro-pi |
| coupe (f) (trophée) | 우승컵 | u-seung-keop |
| prix (m) | 상 | sang |
| prix (m) principal | 최고 상품 | choe-go sang-pum |
| | | |
| record (m) | 기록 | gi-rok |
| établir un record | 기록을 세우다 | gi-ro-geul se-u-da |
| | | |
| finale (f) | 결승전 | gyeol-seung-jeon |
| final (adj) | 마지막의 | ma-ji-ma-gui |
| | | |
| champion (m) | 챔피언 | chaem-pi-eon |
| championnat (m) | 선수권 | seon-su-gwon |
| | | |
| stade (m) | 경기장 | gyeong-gi-jang |
| tribune (f) | 관람석 | gwal-lam-seok |
| supporteur (m) | 서포터 | seo-po-teo |
| adversaire (m) | 상대 | sang-dae |
| | | |
| départ (m) | 출발점 | chul-bal-jeom |
| ligne (f) d'arrivée | 결승점 | gyeol-seung-jeom |
| | | |
| défaite (f) | 패배 | pae-bae |
| perdre (vi) | 지다 | ji-da |
| | | |
| arbitre (m) | 심판 | sim-pan |
| jury (m) | 배심원단 | bae-si-mwon-dan |

| | | |
|---|---|---|
| score (m) | 점수 | jeom-su |
| match (m) nul | 무승부 | mu-seung-bu |
| faire match nul | 무승부로 끝나다 | mu-seung-bu-ro kkeun-na-da |
| point (m) | 점수 | jeom-su |
| résultat (m) | 결과 | gyeol-gwa |
| | | |
| mi-temps (f) (pause) | 하프 타임 | ha-peu ta-im |
| dopage (m) | 도핑 | do-ping |
| pénaliser (vt) | 처벌하다 | cheo-beol-ha-da |
| disqualifier (vt) | 실격시키다 | sil-gyeok-si-ki-da |
| | | |
| agrès (m) | 기구 | gi-gu |
| lance (f) | 투창 | tu-chang |
| poids (m) (boule de métal) | 포환 | po-hwan |
| bille (f) (de billard, etc.) | 공 | gong |
| | | |
| but (cible) | 목표 | mok-pyo |
| cible (~ en papier) | 과녁 | gwa-nyeok |
| tirer (vi) | 쏘다 | sso-da |
| précis (un tir ~) | 정확한 | jeong-hwak-an |
| | | |
| entraîneur (m) | 코치 | ko-chi |
| entraîner (vt) | 훈련하다 | hul-lyeon-ha-da |
| s'entraîner (vp) | 훈련하다 | hul-lyeon-ha-da |
| entraînement (m) | 훈련 | hul-lyeon |
| | | |
| salle (f) de gym | 헬스장 | hel-seu-jang |
| exercice (m) | 운동, 연습 | un-dong, yeon-seup |
| échauffement (m) | 워밍업 | wo-ming-eop |

# L'éducation

## 117. L'éducation

| | | |
|---|---|---|
| école (f) | 학교 | hak-gyo |
| directeur (m) d'école | 교장 | gyo-jang |
| | | |
| élève (m) | 남학생 | nam-hak-saeng |
| élève (f) | 여학생 | yeo-hak-saeng |
| écolier (m) | 남학생 | nam-hak-saeng |
| écolière (f) | 여학생 | yeo-hak-saeng |
| | | |
| enseigner (vt) | 가르치다 | ga-reu-chi-da |
| apprendre (~ l'arabe) | 배우다 | bae-u-da |
| apprendre par cœur | 암기하다 | am-gi-ha-da |
| | | |
| apprendre (à faire qch) | 배우다 | bae-u-da |
| être étudiant, -e | 재학 중이다 | jae-hak jung-i-da |
| aller à l'école | 학교에 가다 | hak-gyo-e ga-da |
| | | |
| alphabet (m) | 알파벳 | al-pa-bet |
| matière (f) | 과목 | gwa-mok |
| | | |
| salle (f) de classe | 교실 | gyo-sil |
| leçon (f) | 수업 | su-eop |
| récréation (f) | 쉬는 시간 | swi-neun si-gan |
| | | |
| sonnerie (f) | 수업종 | su-eop-jong |
| pupitre (m) | 학교 책상 | hak-gyo chaek-sang |
| tableau (m) noir | 칠판 | chil-pan |
| | | |
| note (f) | 성적 | seong-jeok |
| bonne note (f) | 좋은 성적 | jo-eun seong-jeok |
| mauvaise note (f) | 나쁜 성적 | na-ppeun seong-jeok |
| donner une note | 성적을 매기다 | seong-jeo-geul mae-gi-da |
| | | |
| faute (f) | 실수 | sil-su |
| faire des fautes | 실수하다 | sil-su-ha-da |
| corriger (une erreur) | 고치다 | go-chi-da |
| antisèche (f) | 커닝 페이퍼 | keo-ning pe-i-peo |
| | | |
| devoir (m) | 숙제 | suk-je |
| exercice (m) | 연습 문제 | yeon-seup mun-je |
| | | |
| être présent | 출석하다 | chul-seok-a-da |
| être absent | 결석하다 | gyeol-seok-a-da |
| | | |
| punir (vt) | 처벌하다 | cheo-beol-ha-da |
| punition (f) | 벌 | beol |
| conduite (f) | 처신 | cheo-sin |

| | | |
|---|---|---|
| carnet (m) de notes | 성적표 | seong-jeok-pyo |
| crayon (m) | 연필 | yeon-pil |
| gomme (f) | 지우개 | ji-u-gae |
| craie (f) | 분필 | bun-pil |
| plumier (m) | 필통 | pil-tong |

| | | |
|---|---|---|
| cartable (m) | 책가방 | chaek-ga-bang |
| stylo (m) | 펜 | pen |
| cahier (m) | 노트 | no-teu |
| manuel (m) | 교과서 | gyo-gwa-seo |
| compas (m) | 컴퍼스 | keom-peo-seu |

| | | |
|---|---|---|
| dessiner (~ un plan) | 제도하다 | je-do-ha-da |
| dessin (m) technique | 건축 도면 | geon-chuk do-myeon |

| | | |
|---|---|---|
| poésie (f) | 시 | si |
| par cœur (adv) | 외워서 | oe-wo-seo |
| apprendre par cœur | 암기하다 | am-gi-ha-da |

| | | |
|---|---|---|
| vacances (f pl) | 학교 방학 | bang-hak |
| être en vacances | 방학 중이다 | bang-hak jung-i-da |

| | | |
|---|---|---|
| interrogation (f) écrite | 필기 시험 | pil-gi si-heom |
| composition (f) | 논술 | non-sul |
| dictée (f) | 받아쓰기 시험 | ba-da-sseu-gi si-heom |

| | | |
|---|---|---|
| examen (m) | 시험 | si-heom |
| passer les examens | 시험을 보다 | si-heo-meul bo-da |
| expérience (f) (~ de chimie) | 실험 | sil-heom |

## 118. L'enseignement supérieur

| | | |
|---|---|---|
| académie (f) | 아카데미 | a-ka-de-mi |
| université (f) | 대학교 | dae-hak-gyo |
| faculté (f) | 교수진 | gyo-su-jin |

| | | |
|---|---|---|
| étudiant (m) | 대학생 | dae-hak-saeng |
| étudiante (f) | 여대생 | yeo-dae-saeng |
| enseignant (m) | 강사 | gang-sa |

| | | |
|---|---|---|
| salle (f) | 교실 | gyo-sil |
| licencié (m) | 졸업생 | jo-reop-saeng |

| | | |
|---|---|---|
| diplôme (m) | 졸업증 | jo-reop-jeung |
| thèse (f) | 학위 논문 | ha-gwi non-mun |

| | | |
|---|---|---|
| étude (f) | 연구 | yeon-gu |
| laboratoire (m) | 연구실 | yeon-gu-sil |

| | | |
|---|---|---|
| cours (m) | 강의 | gang-ui |
| camarade (m) de cours | 대학 동급생 | dae-hak dong-geup-saeng |

| | | |
|---|---|---|
| bourse (f) | 장학금 | jang-hak-geum |
| grade (m) universitaire | 학위 | ha-gwi |

## 119. Les disciplines scientifiques

| | | |
|---|---|---|
| mathématiques (f pl) | 수학 | su-hak |
| algèbre (f) | 대수학 | dae-su-hak |
| géométrie (f) | 기하학 | gi-ha-hak |
| astronomie (f) | 천문학 | cheon-mun-hak |
| biologie (f) | 생물학 | saeng-mul-hak |
| géographie (f) | 지리학 | ji-ri-hak |
| géologie (f) | 지질학 | ji-jil-hak |
| histoire (f) | 역사학 | yeok-sa-hak |
| médecine (f) | 의학 | ui-hak |
| pédagogie (f) | 교육학 | gyo-yuk-ak |
| droit (m) | 법학 | beo-pak |
| physique (f) | 물리학 | mul-li-hak |
| chimie (f) | 화학 | hwa-hak |
| philosophie (f) | 철학 | cheol-hak |
| psychologie (f) | 심리학 | sim-ni-hak |

## 120. Le système d'écriture et l'orthographe

| | | |
|---|---|---|
| grammaire (f) | 문법 | mun-beop |
| vocabulaire (m) | 어휘 | eo-hwi |
| phonétique (f) | 음성학 | eum-seong-hak |
| nom (m) | 명사 | myeong-sa |
| adjectif (m) | 형용사 | hyeong-yong-sa |
| verbe (m) | 동사 | dong-sa |
| adverbe (m) | 부사 | bu-sa |
| pronom (m) | 대명사 | dae-myeong-sa |
| interjection (f) | 감탄사 | gam-tan-sa |
| préposition (f) | 전치사 | jeon-chi-sa |
| racine (f) | 어근 | eo-geun |
| terminaison (f) | 어미 | eo-mi |
| préfixe (m) | 접두사 | jeop-du-sa |
| syllabe (f) | 음절 | eum-jeol |
| suffixe (m) | 접미사 | jeom-mi-sa |
| accent (m) tonique | 강세 | gang-se |
| apostrophe (f) | 아포스트로피 | a-po-seu-teu-ro-pi |
| point (m) | 마침표 | ma-chim-pyo |
| virgule (f) | 쉼표 | swim-pyo |
| point (m) virgule | 세미콜론 | se-mi-kol-lon |
| deux-points (m) | 콜론 | kol-lon |
| points (m pl) de suspension | 말줄임표 | mal-ju-rim-pyo |
| point (m) d'interrogation | 물음표 | mu-reum-pyo |
| point (m) d'exclamation | 느낌표 | neu-kkim-pyo |

| | | |
|---|---|---|
| guillemets (m pl) | 따옴표 | tta-om-pyo |
| entre guillemets | 따옴표 안에 | tta-om-pyo a-ne |
| parenthèses (f pl) | 괄호 | gwal-ho |
| entre parenthèses | 괄호 속에 | gwal-ho so-ge |
| trait (m) d'union | 하이픈 | ha-i-peun |
| tiret (m) | 대시 | jul-pyo |
| blanc (m) | 공백 문자 | gong-baek mun-ja |
| lettre (f) | 글자 | geul-ja |
| majuscule (f) | 대문자 | dae-mun-ja |
| voyelle (f) | 모음 | mo-eum |
| consonne (f) | 자음 | ja-eum |
| proposition (f) | 문장 | mun-jang |
| sujet (m) | 주어 | ju-eo |
| prédicat (m) | 서술어 | seo-su-reo |
| ligne (f) | 줄 | jul |
| à la ligne | 줄을 바꾸어 | ju-reul ba-kku-eo |
| paragraphe (m) | 단락 | dal-lak |
| mot (m) | 단어 | dan-eo |
| groupe (m) de mots | 문구 | mun-gu |
| expression (f) | 표현 | pyo-hyeon |
| synonyme (m) | 동의어 | dong-ui-eo |
| antonyme (m) | 반의어 | ban-ui-eo |
| règle (f) | 규칙 | gyu-chik |
| exception (f) | 예외 | ye-oe |
| correct (adj) | 맞는 | man-neun |
| conjugaison (f) | 활용 | hwa-ryong |
| déclinaison (f) | 어형 변화 | eo-hyeong byeon-hwa |
| cas (m) | 격 | gyeok |
| question (f) | 질문 | jil-mun |
| souligner (vt) | 밑줄을 긋다 | mit-ju-reul geut-da |
| pointillé (m) | 점선 | jeom-seon |

## 121. Les langues étrangères

| | | |
|---|---|---|
| langue (f) | 언어 | eon-eo |
| langue (f) étrangère | 외국어 | oe-gu-geo |
| étudier (vt) | 공부하다 | gong-bu-ha-da |
| apprendre (~ l'arabe) | 배우다 | bae-u-da |
| lire (vi, vt) | 읽다 | ik-da |
| parler (vi, vt) | 말하다 | mal-ha-da |
| comprendre (vt) | 이해하다 | i-hae-ha-da |
| écrire (vt) | 쓰다 | sseu-da |
| vite (adv) | 빨리 | ppal-li |
| lentement (adv) | 천천히 | cheon-cheon-hi |

| | | |
|---|---|---|
| couramment (adv) | 유창하게 | yu-chang-ha-ge |
| règles (f pl) | 규칙 | gyu-chik |
| grammaire (f) | 문법 | mun-beop |
| vocabulaire (m) | 어휘 | eo-hwi |
| phonétique (f) | 음성학 | eum-seong-hak |
| | | |
| manuel (m) | 교과서 | gyo-gwa-seo |
| dictionnaire (m) | 사전 | sa-jeon |
| manuel (m) autodidacte | 자습서 | ja-seup-seo |
| guide (m) de conversation | 회화집 | hoe-hwa-jip |
| | | |
| cassette (f) | 테이프 | te-i-peu |
| cassette (f) vidéo | 비디오테이프 | bi-di-o-te-i-peu |
| CD (m) | 씨디 | ssi-di |
| DVD (m) | 디비디 | di-bi-di |
| | | |
| alphabet (m) | 알파벳 | al-pa-bet |
| épeler (vt) | … 의 철자이다 | … ui cheol-ja-i-da |
| prononciation (f) | 발음 | ba-reum |
| | | |
| accent (m) | 악센트 | ak-sen-teu |
| avec un accent | 사투리로 | sa-tu-ri-ro |
| sans accent | 억양 없이 | eo-gyang eop-si |
| | | |
| mot (m) | 단어 | dan-eo |
| sens (m) | 의미 | ui-mi |
| | | |
| cours (m pl) | 강좌 | gang-jwa |
| s'inscrire (vp) | 등록하다 | deung-nok-a-da |
| professeur (m) (~ d'anglais) | 강사 | gang-sa |
| | | |
| traduction (f) (action) | 번역 | beo-nyeok |
| traduction (f) (texte) | 번역 | beo-nyeok |
| traducteur (m) | 번역가 | beo-nyeok-ga |
| interprète (m) | 통역가 | tong-yeok-ga |
| | | |
| polyglotte (m) | 수개 국어를 말하는 사람 | su-gae gu-geo-reul mal-ha-neun sa-ram |
| | | |
| mémoire (f) | 기억력 | gi-eong-nyeok |

## 122. Les personnages de contes de fées

| | | |
|---|---|---|
| Père Noël (m) | 산타클로스 | san-ta-keul-lo-seu |
| sirène (f) | 인어 | in-eo |
| | | |
| magicien (m) | 마법사 | ma-beop-sa |
| fée (f) | 요정 | yo-jeong |
| magique (adj) | 마법의 | ma-beo-bui |
| baguette (f) magique | 마술 지팡이 | ma-sul ji-pang-i |
| | | |
| conte (m) de fées | 동화 | dong-hwa |
| miracle (m) | 기적 | gi-jeok |
| gnome (m) | 난쟁이 | nan-jaeng-i |
| se transformer en … | … 으로 변하다 | … eu-ro byeon-ha-da |

| esprit (m) (revenant) | 유령, 귀신 | yu-ryeong, gwi-sin |
|---|---|---|
| fantôme (m) | 유령 | yu-ryeong |
| monstre (m) | 괴물 | goe-mul |
| dragon (m) | 용 | yong |
| géant (m) | 거인 | geo-in |

## 123. Les signes du zodiaque

| Bélier (m) | 양자리 | yang-ja-ri |
|---|---|---|
| Taureau (m) | 황소자리 | hwang-so-ja-ri |
| Gémeaux (m pl) | 쌍둥이자리 | ssang-dung-i-ja-ri |
| Cancer (m) | 게자리 | ge-ja-ri |
| Lion (m) | 사자자리 | sa-ja-ja-ri |
| Vierge (f) | 처녀자리 | cheo-nyeo-ja-ri |
| Balance (f) | 천칭자리 | cheon-ching-ja-ri |
| Scorpion (m) | 전갈자리 | jeon-gal-ja-ri |
| Sagittaire (m) | 궁수자리 | gung-su-ja-ri |
| Capricorne (m) | 염소자리 | yeom-so-ja-ri |
| Verseau (m) | 물병자리 | mul-byeong-ja-ri |
| Poissons (m pl) | 물고기자리 | mul-go-gi-ja-ri |
| caractère (m) | 성격 | seong-gyeok |
| traits (m pl) du caractère | 성격특성 | seong-gyeok-teuk-seong |
| conduite (f) | 행동 | haeng-dong |
| dire la bonne aventure | 점치다 | jeom-chi-da |
| diseuse (f) de bonne aventure | 점쟁이 | jeom-jaeng-i |
| horoscope (m) | 천궁도 | cheon-gung-do |

# L'art

## 124. Le théâtre

| | | |
|---|---|---|
| théâtre (m) | 극장 | geuk-jang |
| opéra (m) | 오페라 | o-pe-ra |
| opérette (f) | 오페레타 | o-pe-re-ta |
| ballet (m) | 발레 | bal-le |
| affiche (f) | 포스터, 벽보 | po-seu-teo, byeok-bo |
| troupe (f) de théâtre | 공연단 | gong-yeon-dan |
| tournée (f) | 순회 | sun-hoe |
| être en tournée | 투어를 가다 | tu-eo-reul ga-da |
| répéter (vt) | 리허설 하다 | ri-heo-seol ha-da |
| répétition (f) | 리허설 | ri-heo-seol |
| répertoire (m) | 레퍼토리 | re-peo-to-ri |
| représentation (f) | 공연 | gong-yeon |
| spectacle (m) | 연극 공연 | yeon-geuk gong-yeon |
| pièce (f) de théâtre | 연극 | yeon-geuk |
| billet (m) | 표, 입장권 | pyo, ip-jang-gwon |
| billetterie (f pl) | 매표소 | mae-pyo-so |
| hall (m) | 로비 | ro-bi |
| vestiaire (m) | 휴대품 보관소 | hyu-dae-pum bo-gwan-so |
| jeton (m) de vestiaire | 보관소 꼬리표 | bo-gwan-so kko-ri-pyo |
| jumelles (f pl) | 오페라 글라스 | o-pe-ra geul-la-seu |
| placeur (m) | 좌석 안내원 | jwa-seok gan-nae-won |
| parterre (m) | 일반 객석 | il-ban gaek-seok |
| balcon (m) | 발코니석 | bal-ko-ni-seok |
| premier (m) balcon | 특등석 | teuk-deung-seok |
| loge (f) | 특별석 | teuk-byeol-seok |
| rang (m) | 열 | yeol |
| place (f) | 자리 | ja-ri |
| public (m) | 청중 | cheong-jung |
| spectateur (m) | 관중 | gwan-jung |
| applaudir (vi) | 박수하다 | bak-su-ha-da |
| applaudissements (m pl) | 박수 | bak-su |
| ovation (f) | 박수 갈채 | bak-su gal-chae |
| scène (f) (monter sur ~) | 무대 | mu-dae |
| rideau (m) | 커튼 | keo-teun |
| décor (m) | 무대 배경 | mu-dae bae-gyeong |
| coulisses (f pl) | 백스테이지 | baek-seu-te-i-ji |
| scène (f) (la dernière ~) | 장면 | jang-myeon |
| acte (m) | 막 | mak |
| entracte (m) | 막간 | mak-gan |

## 125. Le cinéma

| | | |
|---|---|---|
| acteur (m) | 배우 | bae-u |
| actrice (f) | 여배우 | yeo-bae-u |
| | | |
| film (m) | 영화 | yeong-hwa |
| épisode (m) | 부작 | bu-jak |
| | | |
| film (m) policier | 탐정 영화 | tam-jeong yeong-hwa |
| film (m) d'action | 액션 영화 | aek-syeon nyeong-hwa |
| film (m) d'aventures | 모험 영화 | mo-heom myeong-hwa |
| film (m) de science-fiction | 공상과학영화 | SF yeong-hwa |
| film (m) d'horreur | 공포 영화 | gong-po yeong-hwa |
| | | |
| comédie (f) | 코미디 영화 | ko-mi-di yeong-hwa |
| mélodrame (m) | 멜로드라마 | mel-lo-deu-ra-ma |
| drame (m) | 드라마 | deu-ra-ma |
| | | |
| film (m) de fiction | 극영화 | geu-gyeong-hwa |
| documentaire (m) | 다큐멘터리 | da-kyu-men-teo-ri |
| dessin (m) animé | 만화영화 | man-hwa-yeong-hwa |
| cinéma (m) muet | 무성영화 | mu-seong-yeong-hwa |
| | | |
| rôle (m) | 역할 | yeok-al |
| rôle (m) principal | 주역 | ju-yeok |
| jouer (vt) | 연기하다 | yeon-gi-ha-da |
| | | |
| vedette (f) | 영화 스타 | yeong-hwa seu-ta |
| connu (adj) | 유명한 | yu-myeong-han |
| célèbre (adj) | 유명한 | yu-myeong-han |
| populaire (adj) | 인기 있는 | in-gi in-neun |
| | | |
| scénario (m) | 시나리오 | si-na-ri-o |
| scénariste (m) | 시나리오 작가 | si-na-ri-o jak-ga |
| metteur (m) en scène | 영화감독 | yeong-hwa-gam-dok |
| producteur (m) | 제작자 | je-jak-ja |
| assistant (m) | 보조자 | bo-jo-ja |
| opérateur (m) | 카메라맨 | ka-me-ra-maen |
| cascadeur (m) | 스턴트 맨 | seu-teon-teu maen |
| | | |
| tourner un film | 영화를 촬영하다 | yeong-hwa-reul chwa-ryeong-ha-da |
| | | |
| audition (f) | 오디션 | o-di-syeon |
| tournage (m) | 촬영 | chwa-ryeong |
| équipe (f) de tournage | 영화 제작팀 | yeong-hwa je-jak-tim |
| plateau (m) de tournage | 영화 세트 | yeong-hwa se-teu |
| caméra (f) | 카메라 | ka-me-ra |
| | | |
| cinéma (m) | 영화관 | yeong-hwa-gwan |
| écran (m) | 스크린 | seu-keu-rin |
| donner un film | 영화를 상영하다 | yeong-hwa-reul sang-yeong-ha-da |
| | | |
| piste (f) sonore | 사운드트랙 | sa-un-deu-teu-raek |
| effets (m pl) spéciaux | 특수 효과 | teuk-su hyo-gwa |

| sous-titres (m pl) | 자막 | ja-mak |
| générique (m) | 엔딩 크레딧 | en-ding keu-re-dit |
| traduction (f) | 번역 | beo-nyeok |

## 126. La peinture

| art (m) | 예술 | ye-sul |
| beaux-arts (m pl) | 미술 | mi-sul |
| galerie (f) d'art | 미술관 | mi-sul-gwan |
| exposition (f) d'art | 미술 전시회 | mi-sul jeon-si-hoe |

| peinture (f) | 회화 | hoe-hwa |
| graphique (f) | 그래픽 아트 | geu-rae-pik ga-teu |
| art (m) abstrait | 추상파 | chu-sang-pa |
| impressionnisme (m) | 인상파 | in-sang-pa |

| tableau (m) | 그림 | geu-rim |
| dessin (m) | 선화 | seon-hwa |
| poster (m) | 포스터 | po-seu-teo |

| illustration (f) | 삽화 | sa-pwa |
| miniature (f) | 세밀화 | se-mil-hwa |
| copie (f) | 복제품 | bok-je-pum |
| reproduction (f) | 복사 | bok-sa |

| mosaïque (f) | 모자이크 | mo-ja-i-keu |
| vitrail (m) | 스테인드 글라스 | seu-te-in-deu geul-la-seu |
| fresque (f) | 프레스코화 | peu-re-seu-ko-hwa |
| gravure (f) | 판화 | pan-hwa |

| buste (m) | 흉상 | hyung-sang |
| sculpture (f) | 조각 | jo-gak |
| statue (f) | 조상 | jo-sang |
| plâtre (m) | 석고 | seok-go |
| en plâtre | 석고의 | seok-go-ui |

| portrait (m) | 초상화 | cho-sang-hwa |
| autoportrait (m) | 자화상 | ja-hwa-sang |
| paysage (m) | 풍경화 | pung-gyeong-hwa |
| nature (f) morte | 정물화 | jeong-mul-hwa |
| caricature (f) | 캐리커처 | kae-ri-keo-cheo |

| peinture (f) | 물감 | mul-gam |
| aquarelle (f) | 수채 물감 | su-chae mul-gam |
| huile (f) | 유화 물감 | yu-hwa mul-gam |
| crayon (m) | 연필 | yeon-pil |
| encre (f) de Chine | 먹물 | meong-mul |
| fusain (m) | 목탄 | mok-tan |

| dessiner (vi, vt) | 그리다 | geu-ri-da |
| peindre (vi, vt) | 그리다 | geu-ri-da |

| poser (vi) | 포즈를 취하다 | po-jeu-reul chwi-ha-da |
| modèle (m) | 화가의 모델 | hwa-ga-ui mo-del |

| modèle (f) | 화가의 모델 | hwa-ga-ui mo-del |
| peintre (m) | 화가 | hwa-ga |
| œuvre (f) d'art | 미술 작품 | mi-sul jak-pum |
| chef (m) d'œuvre | 걸작 | geol-jak |
| atelier (m) d'artiste | 작업실 | ja-geop-sil |

| toile (f) | 캔버스 | kaen-beo-seu |
| chevalet (m) | 이젤 | i-jel |
| palette (f) | 팔레트 | pal-le-teu |

| encadrement (m) | 액자 | aek-ja |
| restauration (f) | 복원 | bo-gwon |
| restaurer (vt) | 복원하다 | bo-gwon-ha-da |

## 127. La littérature et la poésie

| littérature (f) | 문학 | mun-hak |
| auteur (m) (écrivain) | 작가 | jak-ga |
| pseudonyme (m) | 필명 | pil-myeong |

| livre (m) | 책 | chaek |
| volume (m) | 권 | gwon |
| table (f) des matières | 목차 | mok-cha |
| page (f) | 페이지 | pe-i-ji |
| protagoniste (m) | 주인공 | ju-in-gong |
| autographe (m) | 사인 | sa-in |

| récit (m) | 단편 소설 | dan-pyeon so-seol |
| nouvelle (f) | 소설 | so-seol |
| roman (m) | 장편 소설 | jang-pyeon so-seol |
| œuvre (f) littéraire | 작품 | jak-pum |
| fable (f) | 우화 | u-hwa |
| roman (m) policier | 추리 소설 | chu-ri so-seol |

| vers (m) | 시 | si |
| poésie (f) | 시 | si |
| poème (m) | 서사시 | seo-sa-si |
| poète (m) | 시인 | si-in |

| belles-lettres (f pl) | 픽션 | pik-syeon |
| science-fiction (f) | 공상과학소설 | gong-sang-gwa-hak-so-seol |
| aventures (f pl) | 모험 소설 | mo-heom so-seol |
| littérature (f) didactique | 교육 문학 | gyo-yuk mun-hak |
| littérature (f) pour enfants | 아동 문학 | a-dong mun-hak |

## 128. Le cirque

| cirque (m) | 서커스 | seo-keo-seu |
| chapiteau (m) | 순회 서커스 | sun-hoe seo-keo-seu |
| programme (m) | 프로그램 | peu-ro-geu-raem |
| représentation (f) | 공연 | gong-yeon |
| numéro (m) | 공연 | gong-yeon |

| | | |
|---|---|---|
| arène (f) | 무대 | mu-dae |
| pantomime (f) | 판토마임 | pan-to-ma-im |
| clown (m) | 어릿광대 | eo-rit-gwang-dae |
| | | |
| acrobate (m) | 곡예사 | go-gye-sa |
| acrobatie (f) | 곡예 | go-gye |
| gymnaste (m) | 체조선수 | che-jo-seon-su |
| gymnastique (f) | 체조 | che-jo |
| salto (m) | 공중제비 | gong-jung-je-bi |
| | | |
| hercule (m) | 힘 자랑하는 사나이 | him ja-rang-ha-neun sa-na-i |
| dompteur (m) | 조련사 | jo-ryeon-sa |
| écuyer (m) | 곡마사 | gong-ma-sa |
| assistant (m) | 조수 | jo-su |
| | | |
| truc (m) | 묘기 | myo-gi |
| tour (m) de passe-passe | 마술 | ma-sul |
| magicien (m) | 마술사 | ma-sul-sa |
| | | |
| jongleur (m) | 저글러 | jeo-geul-leo |
| jongler (vi) | 저글링 하다 | jeo-geul-ling ha-da |
| dresseur (m) | 조련사 | jo-ryeon-sa |
| dressage (m) | 조련 | jo-ryeon |
| dresser (vt) | 가르치다 | ga-reu-chi-da |

## 129. La musique

| | | |
|---|---|---|
| musique (f) | 음악 | eum-ak |
| musicien (m) | 음악가 | eum-ak-ga |
| instrument (m) de musique | 악기 | ak-gi |
| jouer de … | … 을 연주하다 | … eul ryeon-ju-ha-da |
| | | |
| guitare (f) | 기타 | gi-ta |
| violon (m) | 바이올린 | ba-i-ol-lin |
| violoncelle (m) | 첼로 | chel-lo |
| contrebasse (f) | 콘트라베이스 | kon-teu-ra-be-i-seu |
| harpe (f) | 하프 | ha-peu |
| | | |
| piano (m) | 피아노 | pi-a-no |
| piano (m) à queue | 그랜드 피아노 | geu-raen-deu pi-a-no |
| orgue (m) | 오르간 | o-reu-gan |
| | | |
| instruments (m pl) à vent | 관악기 | gwan-ak-gi |
| hautbois (m) | 오보에 | o-bo-e |
| saxophone (m) | 색소폰 | saek-so-pon |
| clarinette (f) | 클라리넷 | keul-la-ri-net |
| flûte (f) | 플루트 | peul-lu-teu |
| trompette (f) | 트럼펫 | teu-reom-pet |
| | | |
| accordéon (m) | 아코디언 | a-ko-di-eon |
| tambour (m) | 북 | buk |
| | | |
| duo (m) | 이중주 | i-jung-ju |
| trio (m) | 삼중주 | sam-jung-ju |

| | | |
|---|---|---|
| quartette (m) | 사중주 | sa-jung-ju |
| chœur (m) | 합창단 | hap-chang-dan |
| orchestre (m) | 오케스트라 | o-ke-seu-teu-ra |
| | | |
| musique (f) pop | 대중 음악 | dae-jung eum-ak |
| musique (f) rock | 록 음악 | rok geu-mak |
| groupe (m) de rock | 록 그룹 | rok geu-rup |
| jazz (m) | 재즈 | jae-jeu |
| | | |
| idole (f) | 아이돌 | a-i-dol |
| admirateur (m) | 팬 | paen |
| | | |
| concert (m) | 콘서트 | kon-seo-teu |
| symphonie (f) | 교향곡 | gyo-hyang-gok |
| œuvre (f) musicale | 작품 | jak-pum |
| composer (vt) | 작곡하다 | jak-gok-a-da |
| | | |
| chant (m) (~ d'oiseau) | 노래 | no-rae |
| chanson (f) | 노래 | no-rae |
| mélodie (f) | 멜로디 | mel-lo-di |
| rythme (m) | 리듬 | ri-deum |
| blues (m) | 블루스 | beul-lu-seu |
| | | |
| notes (f pl) | 악보 | ak-bo |
| baguette (f) | 지휘봉 | ji-hwi-bong |
| archet (m) | 활 | hwal |
| corde (f) | 현 | hyeon |
| étui (m) | 케이스 | ke-i-seu |

# Les loisirs. Les voyages

## 130. Les voyages. Les excursions

| | | |
|---|---|---|
| tourisme (m) | 관광 | gwan-gwang |
| touriste (m) | 관광객 | gwan-gwang-gaek |
| voyage (m) (à l'étranger) | 여행 | yeo-haeng |
| aventure (f) | 모험 | mo-heom |
| voyage (m) | 여행 | yeo-haeng |
| | | |
| vacances (f pl) | 휴가 | hyu-ga |
| être en vacances | 휴가 중이다 | hyu-ga jung-i-da |
| repos (m) (jours de ~) | 휴양 | hyu-yang |
| | | |
| train (m) | 기차 | gi-cha |
| en train | 기차로 | gi-cha-ro |
| avion (m) | 비행기 | bi-haeng-gi |
| en avion | 비행기로 | bi-haeng-gi-ro |
| en voiture | 자동차로 | ja-dong-cha-ro |
| en bateau | 배로 | bae-ro |
| | | |
| bagage (m) | 짐, 수하물 | jim, su-ha-mul |
| malle (f) | 여행 가방 | yeo-haeng ga-bang |
| chariot (m) | 수하물 카트 | su-ha-mul ka-teu |
| | | |
| passeport (m) | 여권 | yeo-gwon |
| visa (m) | 비자 | bi-ja |
| ticket (m) | 표 | pyo |
| billet (m) d'avion | 비행기표 | bi-haeng-gi-pyo |
| | | |
| guide (m) (livre) | 여행 안내서 | yeo-haeng an-nae-seo |
| carte (f) | 지도 | ji-do |
| région (f) (~ rurale) | 지역 | ji-yeok |
| endroit (m) | 곳 | got |
| | | |
| exotisme (m) | 이국 | i-guk |
| exotique (adj) | 이국적인 | i-guk-jeo-gin |
| étonnant (adj) | 놀라운 | nol-la-un |
| | | |
| groupe (m) | 무리 | mu-ri |
| excursion (f) | 견학, 관광 | gyeon-hak, gwan-gwang |
| guide (m) (personne) | 가이드 | ga-i-deu |

## 131. L'hôtel

| | | |
|---|---|---|
| hôtel (m), auberge (f) | 호텔 | ho-tel |
| motel (m) | 모텔 | mo-tel |
| 3 étoiles | 3성급 | sam-seong-geub |

| | | |
|---|---|---|
| 5 étoiles | 5성급 | o-seong-geub |
| descendre (à l'hôtel) | 머무르다 | meo-mu-reu-da |
| | | |
| chambre (f) | 객실 | gaek-sil |
| chambre (f) simple | 일인실 | i-rin-sil |
| chambre (f) double | 더블룸 | deo-beul-lum |
| réserver une chambre | 방을 예약하다 | bang-eul rye-yak-a-da |
| | | |
| demi-pension (f) | 하숙 | ha-suk |
| pension (f) complète | 식사 제공 | sik-sa je-gong |
| | | |
| avec une salle de bain | 욕조가 있는 | yok-jo-ga in-neun |
| avec une douche | 샤워가 있는 | sya-wo-ga in-neun |
| télévision (f) par satellite | 위성 텔레비전 | wi-seong tel-le-bi-jeon |
| climatiseur (m) | 에어컨 | e-eo-keon |
| serviette (f) | 수건 | su-geon |
| clé (f) | 열쇠 | yeol-soe |
| | | |
| administrateur (m) | 관리자 | gwal-li-ja |
| femme (f) de chambre | 객실 청소부 | gaek-sil cheong-so-bu |
| porteur (m) | 포터 | po-teo |
| portier (m) | 도어맨 | do-eo-maen |
| | | |
| restaurant (m) | 레스토랑 | re-seu-to-rang |
| bar (m) | 바 | ba |
| petit déjeuner (m) | 아침식사 | a-chim-sik-sa |
| dîner (m) | 저녁식사 | jeo-nyeok-sik-sa |
| buffet (m) | 뷔페 | bwi-pe |
| | | |
| hall (m) | 로비 | ro-bi |
| ascenseur (m) | 엘리베이터 | el-li-be-i-teo |
| | | |
| PRIÈRE DE NE PAS DÉRANGER | 방해하지 마세요 | bang-hae-ha-ji ma-se-yo |
| DÉFENSE DE FUMER | 금연 | geu-myeon |

## 132. Le livre. La lecture

| | | |
|---|---|---|
| livre (m) | 책 | chaek |
| auteur (m) | 저자 | jeo-ja |
| écrivain (m) | 작가 | jak-ga |
| écrire (~ un livre) | 쓰다 | sseu-da |
| | | |
| lecteur (m) | 독자 | dok-ja |
| lire (vi, vt) | 읽다 | ik-da |
| lecture (f) | 독서 | dok-seo |
| | | |
| à part soi | 묵독 (~을 하다) | muk-dok |
| à haute voix | 큰소리로 | keun-so-ri-ro |
| | | |
| éditer (vt) | 발행하다 | bal-haeng-ha-da |
| édition (f) (~ des livres) | 발행 | bal-haeng |
| éditeur (m) | 출판인 | chul-pan-in |
| maison (f) d'édition | 출판사 | chul-pan-sa |

| | | |
|---|---|---|
| paraître (livre) | 출간되다 | chul-gan-doe-da |
| sortie (f) (~ d'un livre) | 발표 | bal-pyo |
| tirage (m) | 인쇄 부수 | in-swae bu-su |
| librairie (f) | 서점 | seo-jeom |
| bibliothèque (f) | 도서관 | do-seo-gwan |
| nouvelle (f) | 소설 | so-seol |
| récit (m) | 단편 소설 | dan-pyeon so-seol |
| roman (m) | 장편 소설 | jang-pyeon so-seol |
| roman (m) policier | 추리 소설 | chu-ri so-seol |
| mémoires (m pl) | 회상록 | hoe-sang-nok |
| légende (f) | 전설 | jeon-seol |
| mythe (m) | 신화 | sin-hwa |
| vers (m pl) | 시 | si |
| autobiographie (f) | 자서전 | ja-seo-jeon |
| les œuvres choisies | 선집 | seon-jip |
| science-fiction (f) | 공상과학소설 | gong-sang-gwa-hak-so-seol |
| titre (m) | 제목 | je-mok |
| introduction (f) | 서문 | seo-mun |
| page (f) de titre | 속표지 | sok-pyo-ji |
| chapitre (m) | 장 | jang |
| extrait (m) | 발췌 | bal-chwe |
| épisode (m) | 장면 | jang-myeon |
| sujet (m) | 줄거리 | jul-geo-ri |
| sommaire (m) | 내용 | nae-yong |
| table (f) des matières | 목차 | mok-cha |
| protagoniste (m) | 주인공 | ju-in-gong |
| volume (m) | 권 | gwon |
| couverture (f) | 표지 | pyo-ji |
| reliure (f) | 장정 | jang-jeong |
| marque-page (m) | 서표 | seo-pyo |
| page (f) | 페이지 | pe-i-ji |
| feuilleter (vt) | 페이지를 넘기다 | pe-i-ji-reul leom-gi-da |
| marges (f pl) | 여백 | yeo-baek |
| annotation (f) | 주석 | ju-seok |
| note (f) de bas de page | 각주 | gak-ju |
| texte (m) | 본문 | bon-mun |
| police (f) | 활자, 서체 | hwal-ja, seo-che |
| faute (f) d'impression | 오타 | o-ta |
| traduction (f) | 번역 | beo-nyeok |
| traduire (vt) | 번역하다 | beo-nyeok-a-da |
| original (m) | 원본 | won-bon |
| célèbre (adj) | 유명한 | yu-myeong-han |
| inconnu (adj) | 잘 알려지지 않은 | jal ral-lyeo-ji-ji a-neun |
| intéressant (adj) | 재미있는 | jae-mi-in-neun |

| | | |
|---|---|---|
| best-seller (m) | 베스트셀러 | be-seu-teu-sel-leo |
| dictionnaire (m) | 사전 | sa-jeon |
| manuel (m) | 교과서 | gyo-gwa-seo |
| encyclopédie (f) | 백과사전 | baek-gwa-sa-jeon |

## 133. La chasse. La pêche

| | | |
|---|---|---|
| chasse (f) | 사냥 | sa-nyang |
| chasser (vi, vt) | 사냥하다 | sa-nyang-ha-da |
| chasseur (m) | 사냥꾼 | sa-nyang-kkun |
| tirer (vi) | 쏘다 | sso-da |
| fusil (m) | 장총 | jang-chong |
| cartouche (f) | 탄환 | tan-hwan |
| grains (m pl) de plomb | 산탄 | san-tan |
| piège (m) à mâchoires | 덫 | deot |
| piège (m) | 덫 | deot |
| mettre un piège | 덫을 놓다 | deo-cheul lo-ta |
| braconnier (m) | 밀렵자 | mil-lyeop-ja |
| gibier (m) | 사냥감 | sa-nyang-gam |
| chien (m) de chasse | 사냥개 | sa-nyang-gae |
| safari (m) | 사파리 | sa-pa-ri |
| animal (m) empaillé | 박제 | bak-je |
| pêcheur (m) | 낚시꾼 | nak-si-kkun |
| pêche (f) | 낚시 | nak-si |
| pêcher (vi) | 낚시질하다 | nak-si-jil-ha-da |
| canne (f) à pêche | 낚싯대 | nak-sit-dae |
| ligne (f) de pêche | 낚싯줄 | nak-sit-jul |
| hameçon (m) | 바늘 | ba-neul |
| flotteur (m) | 찌 | jji |
| amorce (f) | 미끼 | mi-kki |
| lancer la ligne | 낚싯줄을 던지다 | nak-sit-ju-reul deon-ji-da |
| mordre (vt) | 미끼를 물다 | mi-kki-reul mul-da |
| pêche (f) (poisson capturé) | 어획고 | eo-hoek-go |
| trou (m) dans la glace | 얼음구멍 | eo-reum-gu-meong |
| filet (m) | 그물 | geu-mul |
| barque (f) | 보트 | bo-teu |
| pêcher au filet | 그물로 잡다 | geu-mul-lo jap-da |
| jeter un filet | 그물을 던지다 | geu-mu-reul deon-ji-da |
| retirer le filet | 그물을 끌어당기다 | geu-mu-reul kkeu-reo-dang-gi-da |
| baleinier (m) | 포경선원 | po-gyeong-seon-won |
| baleinière (f) | 포경선 | po-gyeong-seon |
| harpon (m) | 작살 | jak-sal |

## 134. Les jeux. Le billard

| | | |
|---|---|---|
| billard (m) | 당구 | dang-gu |
| salle (f) de billard | 당구장 | dang-gu-jang |
| bille (f) de billard | 공 | gong |
| | | |
| empocher une bille | 공을 넣다 | gong-eul leo-ta |
| queue (f) | 큐 | kyu |
| poche (f) | 구멍 | gu-meong |

## 135. Les jeux de cartes

| | | |
|---|---|---|
| carreau (m) | 스페이드 | seu-pe-i-deu |
| pique (m) | 스페이드 | seu-pe-i-deu |
| cœur (m) | 하트 | ha-teu |
| trèfle (m) | 클럽 | keul-leop |
| | | |
| as (m) | 에이스 | e-i-seu |
| roi (m) | 왕 | wang |
| dame (f) | 퀸 | kwin |
| valet (m) | 잭 | jaek |
| | | |
| carte (f) | 카드 | ka-deu |
| jeu (m) de cartes | 카드 | ka-deu |
| atout (m) | 으뜸패 | eu-tteum-pae |
| paquet (m) de cartes | 카드 한 벌 | ka-deu han beol |
| | | |
| distribuer (les cartes) | 돌리다 | dol-li-da |
| battre les cartes | 카드를 섞다 | ka-deu-reul seok-da |
| tour (m) de jouer | 차례 | cha-rye |
| tricheur (m) | 카드 판의 사기꾼 | ka-deu pan-ui sa-gi-kkun |

## 136. Les loisirs. Les jeux

| | | |
|---|---|---|
| se promener (vp) | 산책하다 | san-chaek-a-da |
| promenade (f) | 산책 | san-chaek |
| promenade (f) (en voiture) | 드라이브 | deu-ra-i-beu |
| aventure (f) | 모험 | mo-heom |
| pique-nique (m) | 소풍, 피크닉 | so-pung, pi-keu-nik |
| | | |
| jeu (m) | 게임 | ge-im |
| joueur (m) | 선수 | seon-su |
| partie (f) (~ de cartes, etc.) | 게임 | ge-im |
| | | |
| collectionneur (m) | 수집가 | su-jip-ga |
| collectionner (vt) | 수집하다 | su-ji-pa-da |
| collection (f) | 수집 | su-jip |
| | | |
| mots (m pl) croisés | 크로스워드 | keu-ro-seu-wo-deu |
| hippodrome (m) | 경마장 | gyeong-ma-jang |
| discothèque (f) | 클럽 | keul-leop |

| | | |
|---|---|---|
| sauna (m) | 사우나 | sa-u-na |
| loterie (f) | 복권 | bok-gwon |
| | | |
| trekking (m) | 캠핑 | kaem-ping |
| camp (m) | 캠프 | kaem-peu |
| tente (f) | 텐트 | ten-teu |
| boussole (f) | 나침반 | na-chim-ban |
| campeur (m) | 야영객 | ya-yeong-gaek |
| | | |
| regarder (la télé) | 시청하다 | si-cheong-ha-da |
| téléspectateur (m) | 시청자 | si-cheong-ja |
| émission (f) de télé | 방송 프로그램 | bang-song peu-ro-geu-raem |

## 137. La photographie

| | | |
|---|---|---|
| appareil (m) photo | 카메라 | ka-me-ra |
| photo (f) | 사진 | sa-jin |
| | | |
| photographe (m) | 사진 작가 | sa-jin jak-ga |
| studio (m) de photo | 사진관 | sa-jin-gwan |
| album (m) de photos | 사진 앨범 | sa-jin ael-beom |
| | | |
| objectif (m) | 카메라 렌즈 | ka-me-ra ren-jeu |
| téléobjectif (m) | 망원 렌즈 | mang-won len-jeu |
| filtre (m) | 필터 | pil-teo |
| lentille (f) | 렌즈 | ren-jeu |
| | | |
| optique (f) | 렌즈 | ren-jeu |
| diaphragme (m) | 조리개 | jo-ri-gae |
| temps (m) de pose | 셔터 속도 | syeo-teo sok-do |
| viseur (m) | 파인더 | pa-in-deo |
| | | |
| appareil (m) photo numérique | 디지털 카메라 | di-ji-teol ka-me-ra |
| trépied (m) | 삼각대 | sam-gak-dae |
| flash (m) | 플래시 | peul-lae-si |
| | | |
| photographier (vt) | 사진을 찍다 | sa-ji-neul jjik-da |
| prendre en photo | 사진을 찍다 | sa-ji-neul jjik-da |
| se faire prendre en photo | 사진을 찍다 | sa-ji-neul jjik-da |
| | | |
| mise (f) au point | 포커스 | po-keo-seu |
| mettre au point | 초점을 맞추다 | cho-jeo-meul mat-chu-da |
| | | |
| net (adj) | 선명한 | seon-myeong-han |
| netteté (f) | 선명성 | seon-myeong-seong |
| | | |
| contraste (m) | 대비 | dae-bi |
| contrasté (adj) | 대비의 | dae-bi-ui |
| | | |
| épreuve (f) | 사진 | sa-jin |
| négatif (m) | 음화 | eum-hwa |
| pellicule (f) | 사진 필름 | sa-jin pil-leum |
| image (f) | 한 장면 | han jang-myeon |
| tirer (des photos) | 인화하다 | in-hwa-ha-da |

## 138. La plage. La baignade

| | | |
|---|---|---|
| plage (f) | 해변, 바닷가 | hae-byeon, ba-dat-ga |
| sable (m) | 모래 | mo-rae |
| désert (plage ~e) | 황량한 | hwang-nyang-han |
| | | |
| bronzage (m) | 선탠 | seon-taen |
| se bronzer (vp) | 선탠을 하다 | seon-tae-neul ha-da |
| bronzé (adj) | 햇볕에 탄 | haet-byeo-te tan |
| crème (f) solaire | 자외선 차단제 | ja-oe-seon cha-dan-je |
| | | |
| bikini (m) | 비키니 | bi-ki-ni |
| maillot (m) de bain | 수영복 | su-yeong-bok |
| slip (m) de bain | 수영복 | su-yeong-bok |
| | | |
| piscine (f) | 수영장 | su-yeong-jang |
| nager (vi) | 수영하다 | su-yeong-ha-da |
| douche (f) | 샤워 | sya-wo |
| se changer (vp) | 옷을 갈아입다 | os-eul ga-ra-ip-da |
| serviette (f) | 수건 | su-geon |
| | | |
| barque (f) | 보트 | bo-teu |
| canot (m) à moteur | 모터보트 | mo-teo-bo-teu |
| ski (m) nautique | 수상 스키 | su-sang seu-ki |
| pédalo (m) | 수상 자전거 | su-sang ja-jeon-geo |
| surf (m) | 서핑 | seo-ping |
| surfeur (m) | 서퍼 | seo-peo |
| | | |
| scaphandre (m) autonome | 스쿠버 장비 | seu-ku-beo jang-bi |
| palmes (f pl) | 오리발 | o-ri-bal |
| masque (m) | 잠수마스크 | jam-su-ma-seu-keu |
| plongeur (m) | 잠수부 | jam-su-bu |
| plonger (vi) | 잠수하다 | jam-su-ha-da |
| sous l'eau (adv) | 수중 | su-jung |
| | | |
| parasol (m) | 파라솔 | pa-ra-sol |
| chaise (f) longue | 선베드 | seon-be-deu |
| lunettes (f pl) de soleil | 선글라스 | seon-geul-la-seu |
| matelas (m) pneumatique | 에어 매트 | e-eo mae-teu |
| | | |
| jouer (s'amuser) | 놀다 | nol-da |
| se baigner (vp) | 수영하다 | su-yeong-ha-da |
| | | |
| ballon (m) de plage | 비치볼 | bi-chi-bol |
| gonfler (vt) | 부풀리다 | bu-pul-li-da |
| gonflable (adj) | 부풀릴 수 있는 | bu-pul-lil su in-neun |
| | | |
| vague (f) | 파도 | pa-do |
| bouée (f) | 부표 | bu-pyo |
| se noyer (vp) | 익사하다 | ik-sa-ha-da |
| | | |
| sauver (vt) | 구조하다 | gu-jo-ha-da |
| gilet (m) de sauvetage | 구명조끼 | gu-myeong-jo-kki |
| observer (vt) | 지켜보다 | ji-kyeo-bo-da |
| maître nageur (m) | 구조원 | gu-jo-won |

# LE MATÉRIEL TECHNIQUE. LES TRANSPORTS

## Le matériel technique

### 139. L'informatique

| | | |
|---|---|---|
| ordinateur (m) | 컴퓨터 | keom-pyu-teo |
| PC (m) portable | 노트북 | no-teu-buk |
| | | |
| allumer (vt) | 켜다 | kyeo-da |
| éteindre (vt) | 끄다 | kkeu-da |
| | | |
| clavier (m) | 키보드 | ki-bo-deu |
| touche (f) | 키 | ki |
| souris (f) | 마우스 | ma-u-seu |
| tapis (m) de souris | 마우스 패드 | ma-u-seu pae-deu |
| | | |
| bouton (m) | 버튼 | beo-teun |
| curseur (m) | 커서 | keo-seo |
| | | |
| moniteur (m) | 모니터 | mo-ni-teo |
| écran (m) | 화면, 스크린 | hwa-myeon |
| | | |
| disque (m) dur | 하드 디스크 | ha-deu di-seu-keu |
| capacité (f) du disque dur | 하드 디스크 용량 | ha-deu di-seu-keu yong-nyang |
| | | |
| mémoire (f) | 메모리 | me-mo-ri |
| mémoire (f) vive | 램 | raem |
| | | |
| fichier (m) | 파일 | pa-il |
| dossier (m) | 폴더 | pol-deo |
| ouvrir (vt) | 열다 | yeol-da |
| fermer (vt) | 닫다 | dat-da |
| | | |
| sauvegarder (vt) | 저장하다 | jeo-jang-ha-da |
| supprimer (vt) | 삭제하다 | sak-je-ha-da |
| copier (vt) | 복사하다 | bok-sa-ha-da |
| trier (vt) | 정렬하다 | jeong-nyeol-ha-da |
| copier (vt) | 전송하다 | jeon-song-ha-da |
| | | |
| programme (m) | 프로그램 | peu-ro-geu-raem |
| logiciel (m) | 소프트웨어 | so-peu-teu-we-eo |
| programmeur (m) | 프로그래머 | peu-ro-geu-rae-meo |
| programmer (vt) | 프로그램을 작성하다 | peu-ro-geu-rae-meul jak-seong-ha-da |
| | | |
| hacker (m) | 해커 | hae-keo |
| mot (m) de passe | 비밀번호 | bi-mil-beon-ho |
| virus (m) | 바이러스 | ba-i-reo-seu |

| | | |
|---|---|---|
| découvrir (détecter) | 발견하다 | bal-gyeon-ha-da |
| bit (m) | 바이트 | ba-i-teu |
| mégabit (m) | 메가바이트 | me-ga-ba-i-teu |
| | | |
| données (f pl) | 데이터 | de-i-teo |
| base (f) de données | 데이터베이스 | de-i-teo-be-i-seu |
| | | |
| câble (m) | 케이블 | ke-i-beul |
| déconnecter (vt) | 연결해제하다 | yeon-gyeol-hae-je-ha-da |
| connecter (vt) | 연결하다 | yeon-gyeol-ha-da |

## 140. L'Internet. Le courrier électronique

| | | |
|---|---|---|
| Internet (m) | 인터넷 | in-teo-net |
| navigateur (m) | 브라우저 | beu-ra-u-jeo |
| moteur (m) de recherche | 검색 엔진 | geom-saek gen-jin |
| fournisseur (m) d'accès | 인터넷 서비스 제공자 | in-teo-net seo-bi-seu je-gong-ja |
| | | |
| administrateur (m) de site | 웹마스터 | wem-ma-seu-teo |
| site (m) web | 웹사이트 | wep-sa-i-teu |
| page (f) web | 웹페이지 | wep-pe-i-ji |
| | | |
| adresse (f) | 주소 | ju-so |
| carnet (m) d'adresses | 주소록 | ju-so-rok |
| | | |
| boîte (f) de réception | 우편함 | u-pyeon-ham |
| courrier (m) | 메일 | me-il |
| | | |
| message (m) | 메시지 | me-si-ji |
| expéditeur (m) | 발송인 | bal-song-in |
| envoyer (vt) | 보내다 | bo-nae-da |
| envoi (m) | 발송 | bal-song |
| destinataire (m) | 수신인 | su-sin-in |
| recevoir (vt) | 받다 | bat-da |
| | | |
| correspondance (f) | 서신 교환 | seo-sin gyo-hwan |
| être en correspondance | 편지를 주고 받다 | pyeon-ji-reul ju-go bat-da |
| | | |
| fichier (m) | 파일 | pa-il |
| télécharger (vt) | 다운받다 | da-un-bat-da |
| créer (vt) | 창조하다 | chang-jo-ha-da |
| supprimer (vt) | 삭제하다 | sak-je-ha-da |
| supprimé (adj) | 삭제된 | sak-je-doen |
| | | |
| connexion (f) (ADSL, etc.) | 연결 | yeon-gyeol |
| vitesse (f) | 속도 | sok-do |
| accès (m) | 접속 | jeop-sok |
| port (m) | 포트 | po-teu |
| | | |
| connexion (f) (établir la ~) | 연결 | yeon-gyeol |
| se connecter à ... | ... 에 연결하다 | ... e yeon-gyeol-ha-da |
| sélectionner (vt) | 선택하다 | seon-taek-a-da |
| rechercher (vt) | ... 를 검색하다 | ... reul geom-saek-a-da |

# Les transports

## 141. L'avion

| | | |
|---|---|---|
| avion (m) | 비행기 | bi-haeng-gi |
| billet (m) d'avion | 비행기표 | bi-haeng-gi-pyo |
| compagnie (f) aérienne | 항공사 | hang-gong-sa |
| aéroport (m) | 공항 | gong-hang |
| supersonique (adj) | 초음속의 | cho-eum-so-gui |
| | | |
| pilote (m) | 비행사 | bi-haeng-sa |
| hôtesse (f) de l'air | 승무원 | seung-mu-won |
| navigateur (m) | 항법사 | hang-beop-sa |
| | | |
| ailes (f pl) | 날개 | nal-gae |
| queue (f) | 꼬리 | kko-ri |
| cabine (f) | 조종석 | jo-jong-seok |
| moteur (m) | 엔진 | en-jin |
| | | |
| train (m) d'atterrissage | 착륙 장치 | chang-nyuk jang-chi |
| turbine (f) | 터빈 | teo-bin |
| | | |
| hélice (f) | 추진기 | chu-jin-gi |
| boîte (f) noire | 블랙박스 | beul-laek-bak-seu |
| | | |
| gouvernail (m) | 조종간 | jo-jong-gan |
| carburant (m) | 연료 | yeol-lyo |
| | | |
| consigne (f) de sécurité | 안전 안내서 | an-jeon an-nae-seo |
| masque (m) à oxygène | 산소 마스크 | san-so ma-seu-keu |
| uniforme (m) | 제복 | je-bok |
| | | |
| gilet (m) de sauvetage | 구명조끼 | gu-myeong-jo-kki |
| parachute (m) | 낙하산 | nak-a-san |
| | | |
| décollage (m) | 이륙 | i-ryuk |
| décoller (vi) | 이륙하다 | i-ryuk-a-da |
| piste (f) de décollage | 활주로 | hwal-ju-ro |
| | | |
| visibilité (f) | 시계 | si-gye |
| vol (m) (~ d'oiseau) | 비행 | bi-haeng |
| | | |
| altitude (f) | 고도 | go-do |
| trou (m) d'air | 에어 포켓 | e-eo po-ket |
| | | |
| place (f) | 자리 | ja-ri |
| écouteurs (m pl) | 헤드폰 | he-deu-pon |
| tablette (f) | 접는 테이블 | jeom-neun te-i-beul |
| hublot (m) | 창문 | chang-mun |
| couloir (m) | 통로 | tong-no |

## 142. Le train

| | | |
|---|---|---|
| train (m) | 기차, 열차 | gi-cha, nyeol-cha |
| train (m) de banlieue | 통근 열차 | tong-geun nyeol-cha |
| TGV (m) | 급행 열차 | geu-paeng yeol-cha |
| locomotive (f) diesel | 디젤 기관차 | di-jel gi-gwan-cha |
| locomotive (f) à vapeur | 증기 기관차 | jeung-gi gi-gwan-cha |
| wagon (m) | 객차 | gaek-cha |
| wagon-restaurant (m) | 식당차 | sik-dang-cha |
| rails (m pl) | 레일 | re-il |
| chemin (m) de fer | 철도 | cheol-do |
| traverse (f) | 침목 | chim-mok |
| quai (m) | 플랫폼 | peul-laet-pom |
| voie (f) | 길 | gil |
| sémaphore (m) | 신호기 | sin-ho-gi |
| station (f) | 역 | yeok |
| conducteur (m) de train | 기관사 | gi-gwan-sa |
| porteur (m) | 포터 | po-teo |
| steward (m) | 차장 | cha-jang |
| passager (m) | 승객 | seung-gaek |
| contrôleur (m) de billets | 검표원 | geom-pyo-won |
| couloir (m) | 통로 | tong-no |
| frein (m) d'urgence | 비상 브레이크 | bi-sang beu-re-i-keu |
| compartiment (m) | 침대차 | chim-dae-cha |
| couchette (f) | 침대 | chim-dae |
| couchette (f) d'en haut | 윗침대 | wit-chim-dae |
| couchette (f) d'en bas | 아래 침대 | a-rae chim-dae |
| linge (m) de lit | 침구 | chim-gu |
| ticket (m) | 표 | pyo |
| horaire (m) | 시간표 | si-gan-pyo |
| tableau (m) d'informations | 안내 전광판 | an-nae jeon-gwang-pan |
| partir (vi) | 떠난다 | tteo-na-da |
| départ (m) (du train) | 출발 | chul-bal |
| arriver (le train) | 도착하다 | do-chak-a-da |
| arrivée (f) | 도착 | do-chak |
| arriver en train | 기차로 도착하다 | gi-cha-ro do-chak-a-da |
| prendre le train | 기차에 타다 | gi-cha-e ta-da |
| descendre du train | 기차에서 내리다 | gi-cha-e-seo nae-ri-da |
| accident (m) ferroviaire | 기차 사고 | gi-cha sa-go |
| locomotive (f) à vapeur | 증기 기관차 | jeung-gi gi-gwan-cha |
| chauffeur (m) | 화부 | hwa-bu |
| chauffe (f) | 화실 | hwa-sil |
| charbon (m) | 석탄 | seok-tan |

## 143. Le bateau

| | | |
|---|---|---|
| bateau (m) | 배 | bae |
| navire (m) | 배 | bae |
| | | |
| bateau (m) à vapeur | 증기선 | jeung-gi-seon |
| paquebot (m) | 강배 | gang-bae |
| bateau (m) de croisière | 크루즈선 | keu-ru-jeu-seon |
| croiseur (m) | 순양함 | su-nyang-ham |
| | | |
| yacht (m) | 요트 | yo-teu |
| remorqueur (m) | 예인선 | ye-in-seon |
| | | |
| voilier (m) | 범선 | beom-seon |
| brigantin (m) | 쌍돛대 범선 | ssang-dot-dae beom-seon |
| | | |
| brise-glace (m) | 쇄빙선 | swae-bing-seon |
| sous-marin (m) | 잠수함 | jam-su-ham |
| | | |
| canot (m) à rames | 보트 | bo-teu |
| dinghy (m) | 종선 | jong-seon |
| canot (m) de sauvetage | 구조선 | gu-jo-seon |
| canot (m) à moteur | 모터보트 | mo-teo-bo-teu |
| | | |
| capitaine (m) | 선장 | seon-jang |
| matelot (m) | 수부 | su-bu |
| marin (m) | 선원 | seon-won |
| équipage (m) | 승무원 | seung-mu-won |
| | | |
| maître (m) d'équipage | 갑판장 | gap-pan-jang |
| cuisinier (m) du bord | 요리사 | yo-ri-sa |
| médecin (m) de bord | 선의 | seon-ui |
| | | |
| pont (m) | 갑판 | gap-pan |
| mât (m) | 돛대 | dot-dae |
| voile (f) | 돛 | dot |
| | | |
| cale (f) | 화물칸 | hwa-mul-kan |
| proue (f) | 이물 | i-mul |
| poupe (f) | 고물 | go-mul |
| rame (f) | 노 | no |
| hélice (f) | 스크루 | seu-keu-ru |
| | | |
| cabine (f) | 선실 | seon-sil |
| carré (m) des officiers | 사관실 | sa-gwan-sil |
| salle (f) des machines | 엔진실 | en-jin-sil |
| cabine (f) de T.S.F. | 무전실 | mu-jeon-sil |
| onde (f) | 전파 | jeon-pa |
| | | |
| longue-vue (f) | 망원경 | mang-won-gyeong |
| cloche (f) | 종 | jong |
| pavillon (m) | 기 | gi |
| | | |
| grosse corde (f) tressée | 밧줄 | bat-jul |
| nœud (m) marin | 매듭 | mae-deup |

| | | |
|---|---|---|
| rampe (f) | 난간 | nan-gan |
| passerelle (f) | 사다리 | sa-da-ri |
| | | |
| ancre (f) | 닻 | dat |
| lever l'ancre | 닻을 올리다 | da-cheul rol-li-da |
| jeter l'ancre | 닻을 내리다 | da-cheul lae-ri-da |
| chaîne (f) d'ancrage | 닻줄 | dat-jul |
| | | |
| port (m) | 항구 | hang-gu |
| embarcadère (m) | 부두 | bu-du |
| accoster (vi) | 정박시키다 | jeong-bak-si-ki-da |
| larguer les amarres | 출항하다 | chul-hang-ha-da |
| | | |
| voyage (m) (à l'étranger) | 여행 | yeo-haeng |
| croisière (f) | 크루즈 | keu-ru-jeu |
| cap (m) (suivre un ~) | 항로 | hang-no |
| itinéraire (m) | 노선 | no-seon |
| | | |
| chenal (m) | 항로 | hang-no |
| bas-fond (m) | 얕은 곳 | ya-teun got |
| échouer sur un bas-fond | 좌초하다 | jwa-cho-ha-da |
| | | |
| tempête (f) | 폭풍우 | pok-pung-u |
| signal (m) | 신호 | sin-ho |
| sombrer (vi) | 가라앉다 | ga-ra-an-da |
| SOS (m) | 조난 신호 | jo-nan sin-ho |
| bouée (f) de sauvetage | 구명부환 | gu-myeong-bu-hwan |

## 144. L'aéroport

| | | |
|---|---|---|
| aéroport (m) | 공항 | gong-hang |
| avion (m) | 비행기 | bi-haeng-gi |
| compagnie (f) aérienne | 항공사 | hang-gong-sa |
| contrôleur (m) aérien | 관제사 | gwan-je-sa |
| | | |
| départ (m) | 출발 | chul-bal |
| arrivée (f) | 도착 | do-chak |
| arriver (par avion) | 도착하다 | do-chak-a-da |
| | | |
| temps (m) de départ | 출발시간 | chul-bal-si-gan |
| temps (m) d'arrivée | 도착시간 | do-chak-si-gan |
| | | |
| être retardé | 연기되다 | yeon-gi-doe-da |
| retard (m) de l'avion | 항공기 지연 | hang-gong-gi ji-yeon |
| | | |
| tableau (m) d'informations | 안내 전광판 | an-nae jeon-gwang-pan |
| information (f) | 정보 | jeong-bo |
| annoncer (vt) | 알리다 | al-li-da |
| vol (m) | 비행편 | bi-haeng-pyeon |
| douane (f) | 세관 | se-gwan |
| douanier (m) | 세관원 | se-gwan-won |
| déclaration (f) de douane | 세관신고서 | se-gwan-sin-go-seo |
| remplir la déclaration | 세관 신고서를 작성하다 | se-gwan sin-go-seo-reul jak-seong-ha-da |

| contrôle (m) de passeport | 여권 검사 | yeo-gwon geom-sa |
|---|---|---|
| bagage (m) | 짐, 수하물 | jim, su-ha-mul |
| bagage (m) à main | 휴대 가능 수하물 | hyu-dae ga-neung su-ha-mul |
| chariot (m) | 수하물 카트 | su-ha-mul ka-teu |

| atterrissage (m) | 착륙 | chang-nyuk |
|---|---|---|
| piste (f) d'atterrissage | 활주로 | hwal-ju-ro |
| atterrir (vi) | 착륙하다 | chang-nyuk-a-da |
| escalier (m) d'avion | 승강계단 | seung-gang-gye-dan |

| enregistrement (m) | 체크인 | che-keu-in |
|---|---|---|
| comptoir (m) d'enregistrement | 체크인 카운터 | che-keu-in ka-un-teo |
| s'enregistrer (vp) | 체크인하다 | che-keu-in-ha-da |
| carte (f) d'embarquement | 탑승권 | tap-seung-gwon |
| porte (f) d'embarquement | 탑승구 | tap-seung-gu |

| transit (m) | 트랜싯, 환승 | teu-raen-sit, hwan-seung |
|---|---|---|
| attendre (vt) | 기다리다 | gi-da-ri-da |
| salle (f) d'attente | 공항 라운지 | gong-hang na-un-ji |
| raccompagner (à l'aéroport, etc.) | 배웅하다 | bae-ung-ha-da |
| dire au revoir | 작별인사를 하다 | jak-byeo-rin-sa-reul ha-da |

## 145. Le vélo. La moto

| vélo (m) | 자전거 | ja-jeon-geo |
|---|---|---|
| scooter (m) | 스쿠터 | seu-ku-teo |
| moto (f) | 오토바이 | o-to-ba-i |

| faire du vélo | 자전거로 가다 | ja-jeon-geo-ro ga-da |
|---|---|---|
| guidon (m) | 핸들 | haen-deul |
| pédale (f) | 폐달 | pe-dal |
| freins (m pl) | 브레이크 | beu-re-i-keu |
| selle (f) | 안장 | an-jang |

| pompe (f) | 펌프 | peom-peu |
|---|---|---|
| porte-bagages (m) | 짐 선반 | jim seon-ban |
| phare (m) | 라이트 | ra-i-teu |
| casque (m) | 헬멧 | hel-met |

| roue (f) | 바퀴 | ba-kwi |
|---|---|---|
| garde-boue (m) | 펜더 | pen-deo |
| jante (f) | 테 | te |
| rayon (m) | 바퀴살 | ba-kwi-sal |

# La voiture

## 146. Les différents types de voiture

| | | |
|---|---|---|
| automobile (f) | 자동차 | ja-dong-cha |
| voiture (f) de sport | 스포츠카 | seu-po-cheu-ka |
| | | |
| limousine (f) | 리무진 | ri-mu-jin |
| tout-terrain (m) | 오프로드 카 | o-peu-ro-deu ka |
| cabriolet (m) | 오픈카 | o-peun-ka |
| minibus (m) | 승합차 | seung-hap-cha |
| | | |
| ambulance (f) | 응급차 | eung-geup-cha |
| chasse-neige (m) | 제설차 | je-seol-cha |
| | | |
| camion (m) | 트럭 | teu-reok |
| camion-citerne (m) | 유조차 | yu-jo-cha |
| fourgon (m) | 유개 화물차 | yu-gae hwa-mul-cha |
| tracteur (m) routier | 트랙터 | teu-raek-teo |
| remorque (f) | 트레일러 | teu-re-il-leo |
| | | |
| confortable (adj) | 편안한 | pyeon-an-han |
| d'occasion (adj) | 중고의 | jung-go-ui |

## 147. La voiture. La carrosserie

| | | |
|---|---|---|
| capot (m) | 보닛 | bo-nit |
| aile (f) | 펜더 | pen-deo |
| toit (m) | 지붕 | ji-bung |
| | | |
| pare-brise (m) | 전면 유리 | jeon-myeon nyu-ri |
| rétroviseur (m) | 백미러 | baeng-mi-reo |
| lave-glace (m) | 워셔 | wo-syeo |
| essuie-glace (m) | 와이퍼 | wa-i-peo |
| | | |
| fenêtre (f) latéral | 옆 유리창 | yeop pyu-ri-chang |
| lève-glace (m) | 파워윈도우 | pa-wo-win-do-u |
| antenne (f) | 안테나 | an-te-na |
| toit (m) ouvrant | 선루프 | seol-lu-peu |
| | | |
| pare-chocs (m) | 범퍼 | beom-peo |
| coffre (m) | 트렁크 | teu-reong-keu |
| portière (f) | 차문 | cha-mun |
| poignée (f) | 도어핸들 | do-eo-haen-deul |
| serrure (f) | 도어락 | do-eo-rak |
| | | |
| plaque (f) d'immatriculation | 번호판 | beon-ho-pan |
| silencieux (m) | 머플러 | meo-peul-leo |

| réservoir (m) d'essence | 연료 탱크 | yeol-lyo taeng-keu |
|---|---|---|
| pot (m) d'échappement | 배기관 | bae-gi-gwan |
| accélérateur (m) | 액셀 | aek-sel |
| pédale (f) | 페달 | pe-dal |
| pédale (f) d'accélérateur | 액셀 페달 | aek-sel pe-dal |
| frein (m) | 브레이크 | beu-re-i-keu |
| pédale (f) de frein | 브레이크 페달 | beu-re-i-keu pe-dal |
| freiner (vi) | 브레이크를 밟다 | beu-re-i-keu-reul bap-da |
| frein (m) à main | 주차 브레이크 | ju-cha beu-re-i-keu |
| embrayage (m) | 클러치 | keul-leo-chi |
| pédale (f) d'embrayage | 클러치 페달 | keul-leo-chi pe-dal |
| disque (m) d'embrayage | 클러치 디스크 | keul-leo-chi di-seu-keu |
| amortisseur (m) | 완충장치 | wan-chung-jang-chi |
| roue (f) | 바퀴 | ba-kwi |
| roue (f) de rechange | 스페어 타이어 | seu-pe-eo ta-i-eo |
| pneu (m) | 타이어 | ta-i-eo |
| enjoliveur (m) | 휠캡 | hwil-kaep |
| roues (f pl) motrices | 구동륜 | gu-dong-nyun |
| à traction avant | 전륜 구동의 | jeol-lyun gu-dong-ui |
| à traction arrière | 후륜 구동의 | hu-ryun gu-dong-ui |
| à traction intégrale | 사륜 구동의 | sa-ryun gu-dong-ui |
| boîte (f) de vitesses | 변속기 | byeon-sok-gi |
| automatique (adj) | 자동의 | ja-dong-ui |
| mécanique (adj) | 기계식의 | gi-gye-si-gui |
| levier (m) de vitesse | 기어 | gi-eo |
| phare (m) | 헤드라이트 | he-deu-ra-i-teu |
| feux (m pl) | 헤드라이트 | he-deu-ra-i-teu |
| feux (m pl) de croisement | 하향등 | ha-hyang-deung |
| feux (m pl) de route | 상향등 | sang-hyang-deung |
| feux (m pl) stop | 브레이크 등 | beu-re-i-keu deung |
| feux (m pl) de position | 미등 | mi-deung |
| feux (m pl) de détresse | 비상등 | bi-sang-deung |
| feux (m pl) de brouillard | 안개등 | an-gae-deung |
| clignotant (m) | 방향지시등 | bang-hyang-ji-si-deung |
| feux (m pl) de recul | 후미등 | hu-mi-deung |

## 148. La voiture. L'habitacle

| habitacle (m) | 내부 | nae-bu |
|---|---|---|
| en cuir (adj) | 가죽의 | ga-ju-gui |
| en velours (adj) | 벨루어의 | bel-lu-eo-ui |
| revêtement (m) | 커버 | keo-beo |
| instrument (m) | 계기 | gye-gi |
| tableau (m) de bord | 계기반 | gye-gi-ban |

| | | |
|---|---|---|
| indicateur (m) de vitesse | 속도계 | sok-do-gye |
| aiguille (f) | 지침 | ji-chim |
| | | |
| compteur (m) de kilomètres | 주행기록계 | ju-haeng-gi-rok-gye |
| indicateur (m) | 센서 | sen-seo |
| niveau (m) | 레벨 | re-bel |
| témoin (m) | 경고등 | gyeong-go-deung |
| | | |
| volant (m) | 핸들 | haen-deul |
| klaxon (m) | 경적 | gyeong-jeok |
| bouton (m) | 버튼 | beo-teun |
| interrupteur (m) | 스위치 | seu-wi-chi |
| | | |
| siège (m) | 좌석 | jwa-seok |
| dossier (m) | 등받이 | deung-ba-ji |
| appui-tête (m) | 머리 받침 | meo-ri bat-chim |
| ceinture (f) de sécurité | 안전 벨트 | an-jeon bel-teu |
| mettre la ceinture | 안전 벨트를 매다 | an-jeon bel-teu-reul mae-da |
| réglage (m) | 조절 | jo-jeol |
| | | |
| airbag (m) | 에어백 | e-eo-baek |
| climatiseur (m) | 에어컨 | e-eo-keon |
| | | |
| radio (f) | 라디오 | ra-di-o |
| lecteur (m) de CD | 씨디 플레이어 | ssi-di peul-le-i-eo |
| allumer (vt) | 켜다 | kyeo-da |
| antenne (f) | 안테나 | an-te-na |
| boîte (f) à gants | 글러브 박스 | geul-leo-beu bak-seu |
| cendrier (m) | 재떨이 | jae-tteo-ri |

## 149. La voiture. Le moteur

| | | |
|---|---|---|
| moteur (m) | 엔진 | en-jin |
| moteur (m) | 모터 | mo-teo |
| diesel (adj) | 디젤의 | di-je-rui |
| à essence (adj) | 가솔린 | ga-sol-lin |
| | | |
| capacité (f) du moteur | 배기량 | bae-gi-ryang |
| puissance (f) | 출력 | chul-lyeok |
| cheval-vapeur (m) | 마력 | ma-ryeok |
| piston (m) | 피스톤 | pi-seu-ton |
| cylindre (m) | 실린더 | sil-lin-deo |
| soupape (f) | 밸브 | bael-beu |
| | | |
| injecteur (m) | 연료 분사기 | yeol-lyo bun-sa-gi |
| générateur (m) | 발전기 | bal-jeon-gi |
| carburateur (m) | 카뷰레터 | ka-byu-re-teo |
| huile (f) moteur | 엔진 오일 | en-jin o-il |
| | | |
| radiateur (m) | 라디에이터 | ra-di-e-i-teo |
| liquide (m) de refroidissement | 냉매 | naeng-mae |
| ventilateur (m) | 냉각팬 | paen |
| batterie (f) | 배터리 | bae-teo-ri |
| starter (m) | 시동기 | si-dong-gi |

| allumage (m) | 점화 장치 | jeom-hwa jang-chi |
|---|---|---|
| bougie (f) d'allumage | 점화플러그 | jeom-hwa-peul-leo-geu |

| borne (f) | 전극 | jeon-geuk |
|---|---|---|
| borne (f) positive | 플러스 | peul-leo-seu |
| borne (f) négative | 마이너스 | ma-i-neo-seu |
| fusible (m) | 퓨즈 | pyu-jeu |

| filtre (m) à air | 공기 필터 | gong-gi pil-teo |
|---|---|---|
| filtre (m) à huile | 오일 필터 | o-il pil-teo |
| filtre (m) à essence | 연료 필터 | yeol-lyo pil-teo |

## 150. La voiture. La réparation

| accident (m) de voiture | 사고 | sa-go |
|---|---|---|
| accident (m) de route | 교통 사고 | gyo-tong sa-go |
| percuter contre ... | 들이받다 | deu-ri-bat-da |
| s'écraser (vp) | 부서지다 | bu-seo-ji-da |
| dégât (m) | 피해 | pi-hae |
| intact (adj) | 손상 없는 | son-sang eom-neun |

| tomber en panne | 고장 나다 | go-jang na-da |
|---|---|---|
| corde (f) de remorquage | 견인줄 | gyeon-in-jul |

| crevaison (f) | 펑크 | peong-keu |
|---|---|---|
| crever (vi) (pneu) | 펑크 나다 | peong-keu na-da |
| gonfler (vt) | 타이어 부풀리다 | ta-i-eo bu-pul-li-da |
| pression (f) | 압력 | am-nyeok |
| vérifier (vt) | 확인하다 | hwa-gin-ha-da |

| réparation (f) | 수리 | su-ri |
|---|---|---|
| garage (m) (atelier) | 정비소 | jeong-bi-so |
| pièce (f) détachée | 예비 부품 | ye-bi bu-pum |
| pièce (f) | 부품 | bu-pum |

| boulon (m) | 볼트 | bol-teu |
|---|---|---|
| vis (f) | 나사 | na-sa |
| écrou (m) | 너트 | neo-teu |
| rondelle (f) | 와셔 | wa-syeo |
| palier (m) | 베어링 | be-eo-ring |

| tuyau (m) | 파이프 | pa-i-peu |
|---|---|---|
| joint (m) | 개스킷 | gae-seu-kit |
| fil (m) | 전선 | jeon-seon |

| cric (m) | 잭 | jaek |
|---|---|---|
| clé (f) de serrage | 스패너 | seu-pae-neo |
| marteau (m) | 망치 | mang-chi |
| pompe (f) | 펌프 | peom-peu |
| tournevis (m) | 나사돌리개 | na-sa-dol-li-gae |

| extincteur (m) | 소화기 | so-hwa-gi |
|---|---|---|
| triangle (m) de signalisation | 안전 삼각대 | an-jeon sam-gak-dae |
| caler (vi) | 멎다 | meot-da |

| calage (m) | 정지 | jeong-ji |
| être en panne | 부서지다 | bu-seo-ji-da |

| surchauffer (vi) | 과열되다 | gwa-yeol-doe-da |
| se boucher (vp) | 막히다 | mak-i-da |
| geler (vi) | 얼다 | eol-da |
| éclater (tuyau, etc.) | 터지다 | teo-ji-da |

| pression (f) | 압력 | am-nyeok |
| niveau (m) | 레벨 | re-bel |
| lâche (courroie ~) | 느슨한 | neu-seun-han |

| fosse (f) | 덴트 | den-teu |
| bruit (m) anormal | 똑똑거리는 소음 | ttok-ttok-geo-ri-neun so-eum |
| fissure (f) | 균열 | gyu-nyeol |
| égratignure (f) | 긁힘 | geuk-him |

## 151. La voiture. La route

| route (f) | 도로 | do-ro |
| grande route (autoroute) | 고속도로 | go-sok-do-ro |
| autoroute (f) | 고속도로 | go-sok-do-ro |
| direction (f) | 방향 | bang-hyang |
| distance (f) | 거리 | geo-ri |

| pont (m) | 다리 | da-ri |
| parking (m) | 주차장 | ju-cha-jang |
| place (f) | 광장 | gwang-jang |
| échangeur (m) | 인터체인지 | in-teo-che-in-ji |
| tunnel (m) | 터널 | teo-neol |

| station-service (f) | 주유소 | ju-yu-so |
| parking (m) | 주차장 | ju-cha-jang |
| poste (m) d'essence | 가솔린 펌프 | ga-sol-lin peom-peu |
| garage (m) (atelier) | 정비소 | jeong-bi-so |
| se ravitailler (vp) | 기름을 넣다 | gi-reu-meul leo-ta |
| carburant (m) | 연료 | yeol-lyo |
| jerrycan (m) | 통 | tong |

| asphalte (m) | 아스팔트 | a-seu-pal-teu |
| marquage (m) | 노면 표지 | no-myeon pyo-ji |
| bordure (f) | 도로 경계석 | do-ro gyeong-gye-seok |
| barrière (f) de sécurité | 가드레일 | ga-deu-re-il |
| fossé (m) | 도랑 | do-rang |
| bas-côté (m) | 길가 | gil-ga |
| réverbère (m) | 가로등 | ga-ro-deung |

| conduire (une voiture) | 운전하다 | un-jeon-ha-da |
| tourner (~ à gauche) | 돌다 | dol-da |
| faire un demi-tour | 유턴하다 | yu-teon-ha-da |
| marche (f) arrière | 후진 기어 | hu-jin gi-eo |

| klaxonner (vi) | 경적을 울리다 | gyeong-jeo-geul rul-li-da |
| coup (m) de klaxon | 경적 | gyeong-jeok |

s'embourber (vp)   빠지다   ppa-ji-da
déraper (vi)   미끄러지다   mi-kkeu-reo-ji-da
couper (le moteur)   멈추다   meom-chu-da

vitesse (f)   속도   sok-do
dépasser la vitesse   과속으로 달리다   gwa-so-geu-ro dal-li-da
mettre une amende   딱지를 떼다   ttak-ji-reul tte-da
feux (m pl) de circulation   신호등   sin-ho-deung
permis (m) de conduire   운전 면허증   un-jeon myeon-heo-jeung

passage (m) à niveau   십자로   sip-ja-ro
carrefour (m)   교차로   gyo-cha-ro
passage (m) piéton   횡단 보도   hoeng-dan bo-do
virage (m)   커브   keo-beu
zone (f) piétonne   보행자 공간   bo-haeng-ja gong-gan

# LES GENS. LES ÉVÉNEMENTS

## Les grands événements de la vie

### 152. Les fêtes et les événements

| | | |
|---|---|---|
| fête (f) | 휴일 | hyu-il |
| fête (f) nationale | 국경일 | guk-gyeong-il |
| jour (m) férié | 공휴일 | gong-hyu-il |
| fêter (vt) | 기념하다 | gi-nyeom-ha-da |
| | | |
| événement (m) (~ du jour) | 사건 | sa-geon |
| événement (m) (soirée, etc.) | 이벤트 | i-ben-teu |
| banquet (m) | 연회 | yeon-hoe |
| réception (f) | 리셉션 | ri-sep-syeon |
| festin (m) | 연회 | yeon-hoe |
| | | |
| anniversaire (m) | 기념일 | gi-nyeom-il |
| jubilé (m) | 기념일 | gi-nyeom-il |
| célébrer (vt) | 경축하다 | gyeong-chuk-a-da |
| | | |
| Nouvel An (m) | 새해 | sae-hae |
| Bonne année! | 새해 복 많이 받으세요! | sae-hae bok ma-ni ba-deu-se-yo! |
| | | |
| Père Noël (m) | 산타클로스 | san-ta-keul-lo-seu |
| | | |
| Noël (m) | 크리스마스 | keu-ri-seu-ma-seu |
| Joyeux Noël! | 성탄을 축하합니다! | seong-ta-neul chuk-a-ham-ni-da! |
| | | |
| arbre (m) de Noël | 크리스마스트리 | keu-ri-seu-ma-seu-teu-ri |
| feux (m pl) d'artifice | 불꽃놀이 | bul-kkon-no-ri |
| | | |
| mariage (m) | 결혼식 | gyeol-hon-sik |
| fiancé (m) | 신랑 | sil-lang |
| fiancée (f) | 신부 | sin-bu |
| | | |
| inviter (vt) | 초대하다 | cho-dae-ha-da |
| lettre (f) d'invitation | 초대장 | cho-dae-jang |
| | | |
| invité (m) | 손님 | son-nim |
| visiter (~ les amis) | 방문하다 | bang-mun-ha-da |
| accueillir les invités | 손님을 맞이하다 | son-ni-meul ma-ji-ha-da |
| | | |
| cadeau (m) | 선물 | seon-mul |
| offrir (un cadeau) | 선물 하다 | seon-mul ha-da |
| recevoir des cadeaux | 선물 받다 | seon-mul bat-da |
| bouquet (m) | 꽃다발 | kkot-da-bal |
| félicitations (f pl) | 축하를 | chuk-a-reul |
| féliciter (vt) | 축하하다 | chuk-a-ha-da |

| carte (f) de veux | 축하 카드 | chuk-a ka-deu |
| envoyer une carte | 카드를 보내다 | ka-deu-reul bo-nae-da |
| recevoir une carte | 카드 받다 | ka-deu bat-da |

| toast (m) | 축배 | chuk-bae |
| offrir (un verre, etc.) | 대접하다 | dae-jeo-pa-da |
| champagne (m) | 샴페인 | syam-pe-in |

| s'amuser (vp) | 즐기다 | jeul-gi-da |
| gaieté (f) | 즐거움 | jeul-geo-um |
| joie (f) (émotion) | 기쁜, 즐거움 | gi-ppeun, jeul-geo-um |

| danse (f) | 춤 | chum |
| danser (vi, vt) | 춤추다 | chum-chu-da |

| valse (f) | 왈츠 | wal-cheu |
| tango (m) | 탱고 | taeng-go |

## 153. L'enterrement. Le deuil

| cimetière (m) | 묘지 | myo-ji |
| tombe (f) | 무덤 | mu-deom |
| croix (f) | 십자가 | sip-ja-ga |
| pierre (f) tombale | 묘석 | myo-seok |
| clôture (f) | 울타리 | ul-ta-ri |
| chapelle (f) | 채플 | chae-peul |

| mort (f) | 죽음 | ju-geum |
| mourir (vi) | 죽다 | juk-da |
| défunt (m) | 고인 | go-in |
| deuil (m) | 상 | sang |

| enterrer (vt) | 묻다 | mut-da |
| maison (f) funéraire | 장례식장 | jang-nye-sik-jang |
| enterrement (m) | 장례식 | jang-nye-sik |

| couronne (f) | 화환 | hwa-hwan |
| cercueil (m) | 관 | gwan |
| corbillard (m) | 영구차 | yeong-gu-cha |
| linceul (m) | 수의 | su-ui |

| urne (f) funéraire | 유골 단지 | yu-gol dan-ji |
| crématoire (m) | 화장장 | hwa-jang-jang |

| nécrologue (m) | 부고 | bu-go |
| pleurer (vi) | 울다 | ul-da |
| sangloter (vi) | 흐느껴 울다 | heu-neu-kkyeo ul-da |

## 154. La guerre. Les soldats

| section (f) | 소대 | so-dae |
| compagnie (f) | 중대 | jung-dae |

| | | |
|---|---|---|
| régiment (m) | 연대 | yeon-dae |
| armée (f) | 군대 | gun-dae |
| division (f) | 사단 | sa-dan |
| | | |
| détachement (m) | 분대 | bun-dae |
| armée (f) (Moyen Âge) | 군대 | gun-dae |
| | | |
| soldat (m) (un militaire) | 군인 | gun-in |
| officier (m) | 장교 | jang-gyo |
| | | |
| soldat (m) (grade) | 일병 | il-byeong |
| sergent (m) | 병장 | byeong-jang |
| lieutenant (m) | 중위 | jung-wi |
| | | |
| capitaine (m) | 대위 | dae-wi |
| commandant (m) | 소령 | so-ryeong |
| colonel (m) | 대령 | dae-ryeong |
| général (m) | 장군 | jang-gun |
| | | |
| marin (m) | 선원 | seon-won |
| capitaine (m) | 대위 | dae-wi |
| maître (m) d'équipage | 갑판장 | gap-pan-jang |
| | | |
| artilleur (m) | 포병 | po-byeong |
| parachutiste (m) | 낙하산 부대원 | nak-a-san bu-dae-won |
| pilote (m) | 조종사 | jo-jong-sa |
| | | |
| navigateur (m) | 항법사 | hang-beop-sa |
| mécanicien (m) | 정비공 | jeong-bi-gong |
| | | |
| démineur (m) | 공병대원 | gong-byeong-dae-won |
| parachutiste (m) | 낙하산병 | nak-a-san-byeong |
| | | |
| éclaireur (m) | 정찰대 | jeong-chal-dae |
| tireur (m) d'élite | 저격병 | jeo-gyeok-byeong |
| | | |
| patrouille (f) | 순찰 | sun-chal |
| patrouiller (vi) | 순찰하다 | sun-chal-ha-da |
| sentinelle (f) | 경비병 | gyeong-bi-byeong |
| | | |
| guerrier (m) | 전사 | jeon-sa |
| héros (m) | 영웅 | yeong-ung |
| héroïne (f) | 여걸 | yeo-geol |
| patriote (m) | 애국자 | ae-guk-ja |
| | | |
| traître (m) | 매국노 | mae-gung-no |
| déserteur (m) | 탈영병 | ta-ryeong-byeong |
| déserter (vt) | 탈영하다 | ta-ryeong-ha-da |
| | | |
| mercenaire (m) | 용병 | yong-byeong |
| recrue (f) | 훈련병 | hul-lyeon-byeong |
| volontaire (m) | 지원병 | ji-won-byeong |
| | | |
| mort (m) | 사망자 | sa-mang-ja |
| blessé (m) | 부상자 | bu-sang-ja |
| prisonnier (m) de guerre | 포로 | po-ro |

## 155. La guerre. Partie 1

| | | |
|---|---|---|
| guerre (f) | 전쟁 | jeon-jaeng |
| faire la guerre | 참전하다 | cham-jeon-ha-da |
| guerre (f) civile | 내전 | nae-jeon |
| | | |
| perfidement (adv) | 비겁하게 | bi-geo-pa-ge |
| déclaration (f) de guerre | 선전 포고 | seon-jeon po-go |
| déclarer (la guerre) | 선포하다 | seon-po-ha-da |
| agression (f) | 침략 | chim-nyak |
| attaquer (~ un pays) | 공격하다 | gong-gyeo-ka-da |
| | | |
| envahir (vt) | 침략하다 | chim-nyak-a-da |
| envahisseur (m) | 침략자 | chim-nyak-ja |
| conquérant (m) | 정복자 | jeong-bok-ja |
| | | |
| défense (f) | 방어 | bang-eo |
| défendre (vt) | 방어하다 | bang-eo-ha-da |
| se défendre (vp) | ··· 를 방어하다 | ... reul bang-eo-ha-da |
| | | |
| ennemi (m) | 적 | jeok |
| adversaire (m) | 원수 | won-su |
| ennemi (adj) (territoire ~) | 적의 | jeo-gui |
| | | |
| stratégie (f) | 전략 | jeol-lyak |
| tactique (f) | 전술 | jeon-sul |
| | | |
| ordre (m) | 명령 | myeong-nyeong |
| commande (f) | 명령 | myeong-nyeong |
| ordonner (vt) | 명령하다 | myeong-nyeong-ha-da |
| mission (f) | 임무 | im-mu |
| secret (adj) | 비밀의 | bi-mi-rui |
| | | |
| bataille (f) | 전투 | jeon-tu |
| bataille (f) | 전투 | jeon-tu |
| combat (m) | 전투 | jeon-tu |
| | | |
| attaque (f) | 공격 | gong-gyeok |
| assaut (m) | 돌격 | dol-gyeok |
| prendre d'assaut | 습격하다 | seup-gyeok-a-da |
| siège (m) | 포위 공격 | po-wi gong-gyeok |
| | | |
| offensive (f) | 공세 | gong-se |
| passer à l'offensive | 공격하다 | gong-gyeo-ka-da |
| | | |
| retraite (f) | 퇴각 | toe-gak |
| faire retraite | 퇴각하다 | toe-gak-a-da |
| | | |
| encerclement (m) | 포위 | po-wi |
| encercler (vt) | 둘러싸다 | dul-leo-ssa-da |
| | | |
| bombardement (m) | 폭격 | pok-gyeok |
| lancer une bombe | 폭탄을 투하하다 | pok-ta-neul tu-ha-ha-da |
| bombarder (vt) | 폭격하다 | pok-gyeok-a-da |
| explosion (f) | 폭발 | pok-bal |

| | | |
|---|---|---|
| coup (m) de feu | 발포 | bal-po |
| tirer un coup de feu | 쏘다 | sso-da |
| fusillade (f) | 사격 | sa-gyeok |
| | | |
| viser … (cible) | 겨냥대다 | gyeo-nyang-dae-da |
| pointer (sur …) | 총을 겨누다 | chong-eul gyeo-nu-da |
| atteindre (cible) | 맞히다 | ma-chi-da |
| | | |
| faire sombrer | 가라앉히다 | ga-ra-an-chi-da |
| trou (m) (dans un bateau) | 구멍 | gu-meong |
| sombrer (navire) | 가라앉히다 | ga-ra-an-chi-da |
| | | |
| front (m) | 전선 | jeon-seon |
| évacuation (f) | 철수 | cheol-su |
| évacuer (vt) | 대피시키다 | dae-pi-si-ki-da |
| | | |
| tranchée (f) | 참호 | cham-ho |
| barbelés (m pl) | 가시철사 | ga-si-cheol-sa |
| barrage (m) (~ antichar) | 장애물 | jang-ae-mul |
| tour (f) de guet | 감시탑 | gam-si-tap |
| | | |
| hôpital (m) | 군 병원 | gun byeong-won |
| blesser (vt) | 부상을 입히다 | bu-sang-eul ri-pi-da |
| blessure (f) | 부상 | bu-sang |
| blessé (m) | 부상자 | bu-sang-ja |
| être blessé | 부상을 입다 | bu-sang-eul rip-da |
| grave (blessure) | 심각한 | sim-gak-an |

## 156. Les armes

| | | |
|---|---|---|
| arme (f) | 무기 | mu-gi |
| armes (f pl) à feu | 화기 | hwa-gi |
| | | |
| arme (f) chimique | 화학 병기 | hwa-hak byeong-gi |
| nucléaire (adj) | 핵의 | hae-gui |
| arme (f) nucléaire | 핵무기 | haeng-mu-gi |
| | | |
| bombe (f) | 폭탄 | pok-tan |
| bombe (f) atomique | 원자폭탄 | won-ja-pok-tan |
| | | |
| pistolet (m) | 권총 | gwon-chong |
| fusil (m) | 장총 | jang-chong |
| mitraillette (f) | 기관단총 | gi-gwan-dan-chong |
| mitrailleuse (f) | 기관총 | gi-gwan-chong |
| | | |
| bouche (f) | 총구 | chong-gu |
| canon (m) | 총열 | chong-yeol |
| calibre (m) | 구경 | gu-gyeong |
| | | |
| gâchette (f) | 방아쇠 | bang-a-soe |
| mire (f) | 가늠자 | ga-neum-ja |
| crosse (f) | 개머리 | gae-meo-ri |
| grenade (f) à main | 수류탄 | su-ryu-tan |
| explosif (m) | 폭약 | po-gyak |

| balle (f) | 총알 | chong-al |
| cartouche (f) | 탄약통 | ta-nyak-tong |
| charge (f) | 화약 | hwa-yak |
| munitions (f pl) | 탄약 | ta-nyak |

| bombardier (m) | 폭격기 | pok-gyeok-gi |
| avion (m) de chasse | 전투기 | jeon-tu-gi |
| hélicoptère (m) | 헬리콥터 | hel-li-kop-teo |

| pièce (f) de D.C.A. | 대공포 | dae-gong-po |
| char (m) | 전차 | jeon-cha |

| artillerie (f) | 대포 | dae-po |
| canon (m) | 대포 | dae-po |
| pointer (~ l'arme) | 총을 겨누다 | chong-eul gyeo-nu-da |

| obus (m) | 탄피 | tan-pi |
| obus (m) de mortier | 박격포탄 | bak-gyeok-po-tan |
| mortier (m) | 박격포 | bak-gyeok-po |
| éclat (m) d'obus | 포탄파편 | po-tan-pa-pyeon |

| sous-marin (m) | 잠수함 | jam-su-ham |
| torpille (f) | 어뢰 | eo-roe |
| missile (m) | 미사일 | mi-sa-il |

| charger (arme) | 장탄하다 | jang-tan-ha-da |
| tirer (vi) | 쏘다 | sso-da |
| viser ... (cible) | 총을 겨누다 | chong-eul gyeo-nu-da |
| baïonnette (f) | 총검 | chong-geom |

| épée (f) | 레이피어 | re-i-pi-eo |
| sabre (m) | 군도 | gun-do |
| lance (f) | 창 | chang |
| arc (m) | 활 | hwal |
| flèche (f) | 화살 | hwa-sal |
| mousquet (m) | 머스킷 | meo-seu-kit |
| arbalète (f) | 석궁 | seok-gung |

## 157. Les hommes préhistoriques

| primitif (adj) | 원시적인 | won-si-jeo-gin |
| préhistorique (adj) | 선사시대의 | seon-sa-si-dae-ui |
| ancien (adj) | 고대의 | go-dae-ui |

| Âge (m) de pierre | 석기 시대 | seok-gi si-dae |
| Âge (m) de bronze | 청동기 시대 | cheong-dong-gi si-dae |
| période (f) glaciaire | 빙하 시대 | bing-ha si-dae |

| tribu (f) | 부족 | bu-jok |
| cannibale (m) | 식인종 | si-gin-jong |
| chasseur (m) | 사냥꾼 | sa-nyang-kkun |
| chasser (vi, vt) | 사냥하다 | sa-nyang-ha-da |
| mammouth (m) | 매머드 | mae-meo-deu |
| caverne (f) | 동굴 | dong-gul |

| | | |
|---|---|---|
| feu (m) | 불 | bul |
| feu (m) de bois | 모닥불 | mo-dak-bul |
| dessin (m) rupestre | 동굴 벽화 | dong-gul byeok-wa |
| | | |
| outil (m) | 도구 | do-gu |
| lance (f) | 창 | chang |
| hache (f) en pierre | 돌도끼 | dol-do-kki |
| faire la guerre | 참전하다 | cham-jeon-ha-da |
| domestiquer (vt) | 길들이다 | gil-deu-ri-da |
| | | |
| idole (f) | 우상 | u-sang |
| adorer, vénérer (vt) | 숭배하다 | sung-bae-ha-da |
| superstition (f) | 미신 | mi-sin |
| | | |
| évolution (f) | 진화 | jin-hwa |
| développement (m) | 개발 | gae-bal |
| disparition (f) | 멸종 | myeol-jong |
| s'adapter (vp) | 적응하다 | jeo-geung-ha-da |
| | | |
| archéologie (f) | 고고학 | go-go-hak |
| archéologue (m) | 고고학자 | go-go-hak-ja |
| archéologique (adj) | 고고학의 | go-go-ha-gui |
| | | |
| site (m) d'excavation | 발굴 현장 | bal-gul hyeon-jang |
| fouilles (f pl) | 발굴 | bal-gul |
| trouvaille (f) | 발견물 | bal-gyeon-mul |
| fragment (m) | 파편 | pa-pyeon |

## 158. Le Moyen Âge

| | | |
|---|---|---|
| peuple (m) | 민족 | min-jok |
| peuples (m pl) | 민족 | min-jok |
| tribu (f) | 부족 | bu-jok |
| tribus (f pl) | 부족들 | bu-jok-deul |
| | | |
| Barbares (m pl) | 오랑캐 | o-rang-kae |
| Gaulois (m pl) | 갈리아인 | gal-li-a-in |
| Goths (m pl) | 고트족 | go-teu-jok |
| Slaves (m pl) | 슬라브족 | seul-la-beu-jok |
| Vikings (m pl) | 바이킹 | ba-i-king |
| | | |
| Romains (m pl) | 로마 사람 | ro-ma sa-ram |
| romain (adj) | 로마의 | ro-ma-ui |
| | | |
| byzantins (m pl) | 비잔티움 사람들 | bi-jan-ti-um sa-ram-deul |
| Byzance (f) | 비잔티움 | bi-jan-ti-um |
| byzantin (adj) | 비잔틴의 | bi-jan-tin-ui |
| | | |
| empereur (m) | 황제 | hwang-je |
| chef (m) | 추장 | chu-jang |
| puissant (adj) | 강력한 | gang-nyeo-kan |
| roi (m) | 왕 | wang |
| gouverneur (m) | 통치자 | tong-chi-ja |
| chevalier (m) | 기사 | gi-sa |

| féodal (m) | 봉건 영주 | bong-geon nyeong-ju |
| féodal (adj) | 봉건적인 | bong-geon-jeo-gin |
| vassal (m) | 봉신 | bong-sin |

| duc (m) | 공작 | gong-jak |
| comte (m) | 백작 | baek-jak |
| baron (m) | 남작 | nam-jak |
| évêque (m) | 주교 | ju-gyo |

| armure (f) | 갑옷 | ga-bot |
| bouclier (m) | 방패 | bang-pae |
| glaive (m) | 검 | geom |
| visière (f) | 얼굴 가리개 | eol-gul ga-ri-gae |
| cotte (f) de mailles | 미늘 갑옷 | mi-neul ga-bot |

| croisade (f) | 십자군 | sip-ja-gun |
| croisé (m) | 십자군 전사 | sip-ja-gun jeon-sa |

| territoire (m) | 영토 | yeong-to |
| attaquer (~ un pays) | 공격하다 | gong-gyeo-ka-da |
| conquérir (vt) | 정복하다 | jeong-bok-a-da |
| occuper (envahir) | 점령하다 | jeom-nyeong-ha-da |

| siège (m) | 포위 공격 | po-wi gong-gyeok |
| assiégé (adj) | 포위당한 | po-wi-dang-han |
| assiéger (vt) | 포위하다 | po-wi-ha-da |

| inquisition (f) | 이단심문 | i-dan-sim-mun |
| inquisiteur (m) | 종교 재판관 | jong-gyo jae-pan-gwan |
| torture (f) | 고문 | go-mun |
| cruel (adj) | 잔혹한 | jan-hok-an |
| hérétique (m) | 이단자 | i-dan-ja |
| hérésie (f) | 이단으로 | i-da-neu-ro |

| navigation (f) en mer | 항해 | hang-hae |
| pirate (m) | 해적 | hae-jeok |
| piraterie (f) | 해적 행위 | hae-jeok aeng-wi |
| abordage (m) | 널판장 | neol-pan-jang |
| butin (m) | 노획물 | no-hoeng-mul |
| trésor (m) | 보물 | bo-mul |

| découverte (f) | 발견 | bal-gyeon |
| découvrir (vt) | 발견하다 | bal-gyeon-ha-da |
| expédition (f) | 탐험 | tam-heom |

| mousquetaire (m) | 총병 | chong-byeong |
| cardinal (m) | 추기경 | chu-gi-gyeong |
| héraldique (f) | 문장학 | mun-jang-hak |
| héraldique (adj) | 문장학의 | mun-jang-ha-gui |

## 159. Les dirigeants. Les responsables. Les autorités

| roi (m) | 왕 | wang |
| reine (f) | 여왕 | yeo-wang |

147

| | | |
|---|---|---|
| royal (adj) | 왕족의 | wang-jo-gui |
| royaume (m) | 왕국 | wang-guk |
| | | |
| prince (m) | 왕자 | wang-ja |
| princesse (f) | 공주 | gong-ju |
| | | |
| président (m) | 대통령 | dae-tong-nyeong |
| vice-président (m) | 부통령 | bu-tong-nyeong |
| sénateur (m) | 상원의원 | sang-won-ui-won |
| | | |
| monarque (m) | 군주 | gun-ju |
| gouverneur (m) | 통치자 | tong-chi-ja |
| dictateur (m) | 독재자 | dok-jae-ja |
| tyran (m) | 폭군 | pok-gun |
| magnat (m) | 거물 | geo-mul |
| | | |
| directeur (m) | 사장 | sa-jang |
| chef (m) | 추장 | chu-jang |
| gérant (m) | 지배인 | ji-bae-in |
| boss (m) | 상사 | sang-sa |
| patron (m) | 소유자 | so-yu-ja |
| | | |
| chef (m) (~ d'une délégation) | 책임자 | chae-gim-ja |
| autorités (f pl) | 당국 | dang-guk |
| supérieurs (m pl) | 상사 | sang-sa |
| | | |
| gouverneur (m) | 주지사 | ju-ji-sa |
| consul (m) | 영사 | yeong-sa |
| diplomate (m) | 외교관 | oe-gyo-gwan |
| maire (m) | 시장 | si-jang |
| shérif (m) | 보안관 | bo-an-gwan |
| | | |
| empereur (m) | 황제 | hwang-je |
| tsar (m) | 황제 | hwang-je |
| pharaon (m) | 파라오 | pa-ra-o |
| khan (m) | 칸 | kan |

## 160. Les crimes. Les criminels. Partie 1

| | | |
|---|---|---|
| bandit (m) | 산적 | san-jeok |
| crime (m) | 범죄 | beom-joe |
| criminel (m) | 범죄자 | beom-joe-ja |
| | | |
| voleur (m) | 도둑 | do-duk |
| voler (qch à qn) | 훔치다 | hum-chi-da |
| vol (m) (activité) | 절도 | jeol-do |
| vol (m) (~ à la tire) | 도둑질 | do-duk-jil |
| | | |
| kidnapper (vt) | 납치하다 | nap-chi-ha-da |
| kidnapping (m) | 유괴 | yu-goe |
| kidnappeur (m) | 유괴범 | yu-goe-beom |
| | | |
| rançon (f) | 몸값 | mom-gap |
| exiger une rançon | 몸값을 요구하다 | mom-gap-seul ryo-gu-ha-da |

| | | |
|---|---|---|
| cambrioler (vt) | 뗏다 | ppaet-da |
| cambrioleur (m) | 강도 | gang-do |
| | | |
| extorquer (vt) | 갈취하다 | gal-chwi-ha-da |
| extorqueur (m) | 갈취자 | gal-chwi-ja |
| extorsion (f) | 갈취 | gal-chwi |
| | | |
| tuer (vt) | 죽이다 | ju-gi-da |
| meurtre (m) | 살인 | sa-rin |
| meurtrier (m) | 살인자 | sa-rin-ja |
| | | |
| coup (m) de feu | 발포 | bal-po |
| tirer un coup de feu | 쏘다 | sso-da |
| abattre (par balle) | 쏘아 죽이다 | sso-a ju-gi-da |
| tirer (vi) | 쏘다 | sso-da |
| coups (m pl) de feu | 발사 | bal-sa |
| | | |
| incident (m) | 사건 | sa-geon |
| bagarre (f) | 몸싸움 | mom-ssa-um |
| victime (f) | 희생자 | hui-saeng-ja |
| | | |
| endommager (vt) | 해치다 | hae-chi-da |
| dommage (m) | 피해 | pi-hae |
| | | |
| cadavre (m) | 시신 | si-sin |
| grave (~ crime) | 중대한 | jung-dae-han |
| | | |
| attaquer (vt) | 공격하다 | gong-gyeo-ka-da |
| battre (frapper) | 때리다 | ttae-ri-da |
| passer à tabac | 조지다 | jo-ji-da |
| prendre (voler) | 훔치다 | hum-chi-da |
| poignarder (vt) | 찔러 죽이다 | jjil-leo ju-gi-da |
| | | |
| mutiler (vt) | 불구로 만들다 | bul-gu-ro man-deul-da |
| blesser (vt) | 부상을 입히다 | bu-sang-eul ri-pi-da |
| | | |
| chantage (m) | 공갈 | gong-gal |
| faire chanter | 공갈하다 | gong-gal-ha-da |
| maître (m) chanteur | 공갈범 | gong-gal-beom |
| | | |
| racket (m) de protection | 폭력단의 갈취 행위 | pong-nyeok-dan-ui gal-chwi haeng-wi |
| | | |
| racketteur (m) | 모리배 | mo-ri-bae |
| | | |
| gangster (m) | 갱 | gaeng |
| mafia (f) | 마피아 | ma-pi-a |
| | | |
| pickpocket (m) | 소매치기 | so-mae-chi-gi |
| cambrioleur (m) | 빈집털이범 | bin-jip-teo-ri-beom |
| | | |
| contrebande (f) (trafic) | 밀수입 | mil-su-ip |
| contrebandier (m) | 밀수입자 | mil-su-ip-ja |
| | | |
| contrefaçon (f) | 위조 | wi-jo |
| falsifier (vt) | 위조하다 | wi-jo-ha-da |
| faux (falsifié) | 가짜의 | ga-jja-ui |

## 161. Les crimes. Les criminels. Partie 2

| | | |
|---|---|---|
| viol (m) | 강간 | gang-gan |
| violer (vt) | 강간하다 | gang-gan-ha-da |
| violeur (m) | 강간범 | gang-gan-beom |
| maniaque (m) | 미치광이 | mi-chi-gwang-i |
| | | |
| prostituée (f) | 매춘부 | mae-chun-bu |
| prostitution (f) | 매춘 | mae-chun |
| souteneur (m) | 포주 | po-ju |
| | | |
| drogué (m) | 마약 중독자 | ma-yak jung-dok-ja |
| trafiquant (m) de drogue | 마약 밀매자 | ma-yak mil-mae-ja |
| | | |
| faire exploser | 폭발하다 | pok-bal-ha-da |
| explosion (f) | 폭발 | pok-bal |
| mettre feu | 방화하다 | bang-hwa-ha-da |
| incendiaire (m) | 방화범 | bang-hwa-beom |
| | | |
| terrorisme (m) | 테러리즘 | te-reo-ri-jeum |
| terroriste (m) | 테러리스트 | te-reo-ri-seu-teu |
| otage (m) | 볼모 | bol-mo |
| | | |
| escroquer (vt) | 속이다 | so-gi-da |
| escroquerie (f) | 사기 | sa-gi |
| escroc (m) | 사기꾼 | sa-gi-kkun |
| | | |
| soudoyer (vt) | 뇌물을 주다 | noe-mu-reul ju-da |
| corruption (f) | 뇌물 수수 | noe-mul su-su |
| pot-de-vin (m) | 뇌물 | noe-mul |
| | | |
| poison (m) | 독 | dok |
| empoisonner (vt) | 독살하다 | dok-sal-ha-da |
| s'empoisonner (vp) | 음독하다 | eum-dok-a-da |
| | | |
| suicide (m) | 자살 | ja-sal |
| suicidé (m) | 자살자 | ja-sal-ja |
| | | |
| menacer (vt) | 협박하다 | hyeop-bak-a-da |
| menace (f) | 협박 | hyeop-bak |
| attenter (vt) | 살해를 꾀하다 | sal-hae-reul kkoe-ha-da |
| attentat (m) | 미수 | mi-su |
| | | |
| voler (un auto) | 훔치는 | hum-chi-da |
| détourner (un avion) | 납치하다 | nap-chi-ha-da |
| | | |
| vengeance (f) | 복수 | bok-su |
| se venger (vp) | 복수하다 | bok-su-ha-da |
| | | |
| torturer (vt) | 고문하다 | go-mun-ha-da |
| torture (f) | 고문 | go-mun |
| tourmenter (vt) | 피롭히다 | goe-ro-pi-da |
| | | |
| pirate (m) | 해적 | hae-jeok |
| voyou (m) | 난동꾼 | nan-dong-kkun |

| armé (adj) | 무장한 | mu-jang-han |
| violence (f) | 폭력 | pong-nyeok |

| espionnage (m) | 간첩행위 | gan-cheo-paeng-wi |
| espionner (vt) | 간첩 행위를 하다 | gan-cheop paeng-wi-reul ha-da |

## 162. La police. La justice. Partie 1

| justice (f) | 정의 | jeong-ui |
| tribunal (m) | 법정 | beop-jeong |

| juge (m) | 판사 | pan-sa |
| jury (m) | 배심원 | bae-sim-won |
| cour (f) d'assises | 배심 재판 | bae-sim jae-pan |
| juger (vt) | 재판에 부치다 | jae-pan-e bu-chi-da |

| avocat (m) | 변호사 | byeon-ho-sa |
| accusé (m) | 피고 | pi-go |
| banc (m) des accusés | 피고인석 | pi-go-in-seok |

| inculpation (f) | 혐의 | hyeom-ui |
| inculpé (m) | 형사 피고인 | pi-go-in |

| condamnation (f) | 형량 | hyeong-nyang |
| condamner (vt) | 선고하다 | seon-go-ha-da |

| coupable (m) | 유죄 | yu-joe |
| punir (vt) | 처벌하다 | cheo-beol-ha-da |
| punition (f) | 벌 | beol |

| amende (f) | 벌금 | beol-geum |
| détention (f) à vie | 종신형 | jong-sin-hyeong |
| peine (f) de mort | 사형 | sa-hyeong |
| chaise (f) électrique | 전기 의자 | jeon-gi ui-ja |
| potence (f) | 교수대 | gyo-su-dae |

| exécuter (vt) | 집행하다 | ji-paeng-ha-da |
| exécution (f) | 처형 | cheo-hyeong |

| prison (f) | 교도소 | gyo-do-so |
| cellule (f) | 감방 | gam-bang |

| escorte (f) | 호송 | ho-song |
| gardien (m) de prison | 간수 | gan-su |
| prisonnier (m) | 죄수 | joe-su |

| menottes (f pl) | 수갑 | su-gap |
| mettre les menottes | 수갑을 채우다 | su-ga-beul chae-u-da |

| évasion (f) | 탈옥 | ta-rok |
| s'évader (vp) | 탈옥하다 | ta-rok-a-da |
| disparaître (vi) | 사라지다 | sa-ra-ji-da |
| libérer (vt) | 출옥하다 | chu-rok-a-da |

| | | |
|---|---|---|
| amnistie (f) | 사면 | sa-myeon |
| police (f) | 경찰 | gyeong-chal |
| policier (m) | 경찰관 | gyeong-chal-gwan |
| commissariat (m) de police | 경찰서 | gyeong-chal-seo |
| matraque (f) | 경찰봉 | gyeong-chal-bong |
| haut parleur (m) | 메가폰 | me-ga-pon |
| | | |
| voiture (f) de patrouille | 순찰차 | sun-chal-cha |
| sirène (f) | 사이렌 | sa-i-ren |
| enclencher la sirène | 사이렌을 켜다 | sa-i-re-neul kyeo-da |
| hurlement (m) de la sirène | 사이렌 소리 | sa-i-ren so-ri |
| | | |
| lieu (m) du crime | 범죄현장 | beom-joe-hyeon-jang |
| témoin (m) | 목격자 | mok-gyeok-ja |
| liberté (f) | 자유 | ja-yu |
| complice (m) | 공범자 | gong-beom-ja |
| s'enfuir (vp) | 달아나다 | da-ra-na-da |
| trace (f) | 흔적 | heun-jeok |

## 163. La police. La justice. Partie 2

| | | |
|---|---|---|
| recherche (f) | 조사 | jo-sa |
| rechercher (vt) | … 를 찾다 | … reul chat-da |
| suspicion (f) | 혐의 | hyeom-ui |
| suspect (adj) | 의심스러운 | ui-sim-seu-reo-un |
| arrêter (dans la rue) | 멈추다 | meom-chu-da |
| détenir (vt) | 구류하다 | gu-ryu-ha-da |
| | | |
| affaire (f) (~ pénale) | 판례 | pal-lye |
| enquête (f) | 조사 | jo-sa |
| détective (m) | 형사 | hyeong-sa |
| enquêteur (m) | 조사관 | jo-sa-gwan |
| hypothèse (f) | 가설 | ga-seol |
| | | |
| motif (m) | 동기 | dong-gi |
| interrogatoire (m) | 심문 | sim-mun |
| interroger (vt) | 신문하다 | sin-mun-ha-da |
| interroger (~ les voisins) | 심문하다 | sim-mun-ha-da |
| inspection (f) | 확인 | hwa-gin |
| | | |
| rafle (f) | 일제 검거 | il-je geom-geo |
| perquisition (f) | 수색 | su-saek |
| poursuite (f) | 추적 | chu-jeok |
| poursuivre (vt) | 추적하다 | chu-jeok-a-da |
| dépister (vt) | 추적하다 | chu-jeok-a-da |
| | | |
| arrestation (f) | 체포 | che-po |
| arrêter (vt) | 체포하다 | che-po-ha-da |
| attraper (~ un criminel) | 붙잡다 | but-jap-da |
| capture (f) | 체포 | che-po |
| | | |
| document (m) | 서류 | seo-ryu |
| preuve (f) | 증거 | jeung-geo |
| prouver (vt) | 증명하다 | jeung-myeong-ha-da |

| empreinte (f) de pied | 발자국 | bal-ja-guk |
| empreintes (f pl) digitales | 지문 | ji-mun |
| élément (m) de preuve | 증거물 | jeung-geo-mul |

| alibi (m) | 알리바이 | al-li-ba-i |
| innocent (non coupable) | 무죄인 | mu-joe-in |
| injustice (f) | 부정 | bu-jeong |
| injuste (adj) | 부당한 | bu-dang-han |

| criminel (adj) | 범죄의 | beom-joe-ui |
| confisquer (vt) | 몰수하다 | mol-su-ha-da |
| drogue (f) | 마약 | ma-yak |
| arme (f) | 무기 | mu-gi |
| désarmer (vt) | 무장해제하다 | mu-jang-hae-je-ha-da |
| ordonner (vt) | 명령하다 | myeong-nyeong-ha-da |
| disparaître (vi) | 사라지다 | sa-ra-ji-da |

| loi (f) | 법률 | beom-nyul |
| légal (adj) | 합법적인 | hap-beop-jeo-gin |
| illégal (adj) | 불법적인 | bul-beop-jeo-gin |

| responsabilité (f) | 책임 | chae-gim |
| responsable (adj) | 책임 있는 | chae-gim in-neun |

# LA NATURE

## La Terre. Partie 1

### 164. L'espace cosmique

| | | |
|---|---|---|
| cosmos (m) | 우주 | u-ju |
| cosmique (adj) | 우주의 | u-ju-ui |
| espace (m) cosmique | 우주 공간 | u-ju gong-gan |
| monde (m) | 세계 | se-gye |
| univers (m) | 우주 | u-ju |
| galaxie (f) | 은하 | eun-ha |
| étoile (f) | 별, 항성 | byeol, hang-seong |
| constellation (f) | 별자리 | byeol-ja-ri |
| planète (f) | 행성 | haeng-seong |
| satellite (m) | 인공위성 | in-gong-wi-seong |
| météorite (m) | 운석 | un-seok |
| comète (f) | 혜성 | hye-seong |
| astéroïde (m) | 소행성 | so-haeng-seong |
| orbite (f) | 궤도 | gwe-do |
| tourner (vi) | 회전한다 | hoe-jeon-han-da |
| atmosphère (f) | 대기 | dae-gi |
| Soleil (m) | 태양 | tae-yang |
| système (m) solaire | 태양계 | tae-yang-gye |
| éclipse (f) de soleil | 일식 | il-sik |
| Terre (f) | 지구 | ji-gu |
| Lune (f) | 달 | dal |
| Mars (m) | 화성 | hwa-seong |
| Vénus (f) | 금성 | geum-seong |
| Jupiter (m) | 목성 | mok-seong |
| Saturne (m) | 토성 | to-seong |
| Mercure (m) | 수성 | su-seong |
| Uranus (m) | 천왕성 | cheon-wang-seong |
| Neptune | 해왕성 | hae-wang-seong |
| Pluton (m) | 명왕성 | myeong-wang-seong |
| la Voie Lactée | 은하수 | eun-ha-su |
| la Grande Ours | 큰곰자리 | keun-gom-ja-ri |
| la Polaire | 북극성 | buk-geuk-seong |
| martien (m) | 화성인 | hwa-seong-in |
| extraterrestre (m) | 외계인 | oe-gye-in |

| | | |
|---|---|---|
| alien (m) | 외계인 | oe-gye-in |
| soucoupe (f) volante | 비행 접시 | bi-haeng jeop-si |
| | | |
| vaisseau (m) spatial | 우주선 | u-ju-seon |
| station (f) orbitale | 우주 정거장 | u-ju jeong-nyu-jang |
| | | |
| moteur (m) | 엔진 | en-jin |
| tuyère (f) | 노즐 | no-jeul |
| carburant (m) | 연료 | yeol-lyo |
| | | |
| cabine (f) | 조종석 | jo-jong-seok |
| antenne (f) | 안테나 | an-te-na |
| | | |
| hublot (m) | 현창 | hyeon-chang |
| batterie (f) solaire | 태양 전지 | tae-yang jeon-ji |
| scaphandre (m) | 우주복 | u-ju-bok |
| | | |
| apesanteur (f) | 무중력 | mu-jung-nyeok |
| oxygène (m) | 산소 | san-so |
| | | |
| arrimage (m) | 도킹 | do-king |
| s'arrimer à ... | 도킹하다 | do-king-ha-da |
| | | |
| observatoire (m) | 천문대 | cheon-mun-dae |
| télescope (m) | 망원경 | mang-won-gyeong |
| observer (vt) | 관찰하다 | gwan-chal-ha-da |
| explorer (un cosmos) | 탐험하다 | tam-heom-ha-da |

## 165. La Terre

| | | |
|---|---|---|
| Terre (f) | 지구 | ji-gu |
| globe (m) terrestre | 지구 | ji-gu |
| planète (f) | 행성 | haeng-seong |
| | | |
| atmosphère (f) | 대기 | dae-gi |
| géographie (f) | 지리학 | ji-ri-hak |
| nature (f) | 자연 | ja-yeon |
| | | |
| globe (m) de table | 지구의 | ji-gu-ui |
| carte (f) | 지도 | ji-do |
| atlas (m) | 지도첩 | ji-do-cheop |
| | | |
| Europe (f) | 유럽 | yu-reop |
| Asie (f) | 아시아 | a-si-a |
| | | |
| Afrique (f) | 아프리카 | a-peu-ri-ka |
| Australie (f) | 호주 | ho-ju |
| | | |
| Amérique (f) | 아메리카 대륙 | a-me-ri-ka dae-ryuk |
| Amérique (f) du Nord | 북아메리카 | bu-ga-me-ri-ka |
| Amérique (f) du Sud | 남아메리카 | nam-a-me-ri-ka |
| | | |
| l'Antarctique (m) | 남극 대륙 | nam-geuk dae-ryuk |
| l'Arctique (m) | 극지방 | geuk-ji-bang |

## 166. Les quatre parties du monde

| | | |
|---|---|---|
| nord (m) | 북쪽 | buk-jjok |
| vers le nord | 북쪽으로 | buk-jjo-geu-ro |
| au nord | 북쪽에 | buk-jjo-ge |
| du nord (adj) | 북쪽의 | buk-jjo-gui |
| sud (m) | 남쪽 | nam-jjok |
| vers le sud | 남쪽으로 | nam-jjo-geu-ro |
| au sud | 남쪽에 | nam-jjo-ge |
| du sud (adj) | 남쪽의 | nam-jjo-gui |
| ouest (m) | 서쪽 | seo-jjok |
| vers l'occident | 서쪽으로 | seo-jjo-geu-ro |
| à l'occident | 서쪽에 | seo-jjo-ge |
| occidental (adj) | 서쪽의 | seo-jjo-gui |
| est (m) | 동쪽 | dong-jjok |
| vers l'orient | 동쪽으로 | dong-jjo-geu-ro |
| à l'orient | 동쪽에 | dong-jjo-ge |
| oriental (adj) | 동쪽의 | dong-jjo-gui |

## 167. Les océans et les mers

| | | |
|---|---|---|
| mer (f) | 바다 | ba-da |
| océan (m) | 대양 | dae-yang |
| golfe (m) | 만 | man |
| détroit (m) | 해협 | hae-hyeop |
| continent (m) | 대륙 | dae-ryuk |
| île (f) | 섬 | seom |
| presqu'île (f) | 반도 | ban-do |
| archipel (m) | 군도 | gun-do |
| baie (f) | 만 | man |
| port (m) | 항구 | hang-gu |
| lagune (f) | 석호 | seok-o |
| cap (m) | 곶 | got |
| atoll (m) | 환초 | hwan-cho |
| récif (m) | 암초 | am-cho |
| corail (m) | 산호 | san-ho |
| récif (m) de corail | 산호초 | san-ho-cho |
| profond (adj) | 깊은 | gi-peun |
| profondeur (f) | 깊이 | gi-pi |
| fosse (f) océanique | 해구 | hae-gu |
| courant (m) | 해류 | hae-ryu |
| baigner (vt) (mer) | 둘러싸다 | dul-leo-ssa-da |
| littoral (m) | 해변 | hae-byeon |
| côte (f) | 바닷가 | ba-dat-ga |

| | | |
|---|---|---|
| marée (f) haute | 밀물 | mil-mul |
| marée (f) basse | 썰물 | sseol-mul |
| banc (m) de sable | 모래톱 | mo-rae-top |
| fond (m) | 해저 | hae-jeo |
| vague (f) | 파도 | pa-do |
| crête (f) de la vague | 물마루 | mul-ma-ru |
| mousse (f) | 거품 | geo-pum |
| ouragan (m) | 허리케인 | heo-ri-ke-in |
| tsunami (m) | 해일 | hae-il |
| calme (m) | 고요함 | go-yo-ham |
| calme (tranquille) | 고요한 | go-yo-han |
| pôle (m) | 극 | geuk |
| polaire (adj) | 극지의 | geuk-ji-ui |
| latitude (f) | 위도 | wi-do |
| longitude (f) | 경도 | gyeong-do |
| parallèle (f) | 위도선 | wi-do-seon |
| équateur (m) | 적도 | jeok-do |
| ciel (m) | 하늘 | ha-neul |
| horizon (m) | 수평선 | su-pyeong-seon |
| air (m) | 공기 | gong-gi |
| phare (m) | 등대 | deung-dae |
| plonger (vi) | 뛰어들다 | ttwi-eo-deul-da |
| sombrer (vi) | 가라앉다 | ga-ra-an-da |
| trésor (m) | 보물 | bo-mul |

## 168. Les montagnes

| | | |
|---|---|---|
| montagne (f) | 산 | san |
| chaîne (f) de montagnes | 산맥 | san-maek |
| crête (f) | 능선 | neung-seon |
| sommet (m) | 정상 | jeong-sang |
| pic (m) | 봉우리 | bong-u-ri |
| pied (m) | 기슭 | gi-seuk |
| pente (f) | 경사면 | gyeong-sa-myeon |
| volcan (m) | 화산 | hwa-san |
| volcan (m) actif | 활화산 | hwal-hwa-san |
| volcan (m) éteint | 사화산 | sa-hwa-san |
| éruption (f) | 폭발 | pok-bal |
| cratère (m) | 분화구 | bun-hwa-gu |
| magma (m) | 마그마 | ma-geu-ma |
| lave (f) | 용암 | yong-am |
| en fusion (lave ~) | 녹은 | no-geun |
| canyon (m) | 협곡 | hyeop-gok |
| défilé (m) (gorge) | 협곡 | hyeop-gok |

| | | |
|---|---|---|
| crevasse (f) | 갈라진 | gal-la-jin |
| col (m) de montagne | 산길 | san-gil |
| plateau (m) | 고원 | go-won |
| rocher (m) | 절벽 | jeol-byeok |
| colline (f) | 언덕, 작은 산 | eon-deok, ja-geun san |
| | | |
| glacier (m) | 빙하 | bing-ha |
| chute (f) d'eau | 폭포 | pok-po |
| geyser (m) | 간헐천 | gan-heol-cheon |
| lac (m) | 호수 | ho-su |
| | | |
| plaine (f) | 평원 | pyeong-won |
| paysage (m) | 경관 | gyeong-gwan |
| écho (m) | 메아리 | me-a-ri |
| | | |
| alpiniste (m) | 등산가 | deung-san-ga |
| varappeur (m) | 암벽 등반가 | am-byeok deung-ban-ga |
| conquérir (vt) | 정복하다 | jeong-bok-a-da |
| ascension (f) | 등반 | deung-ban |

## 169. Les fleuves

| | | |
|---|---|---|
| rivière (f), fleuve (m) | 강 | gang |
| source (f) | 샘 | saem |
| lit (m) (d'une rivière) | 강바닥 | gang-ba-dak |
| bassin (m) | 유역 | yu-yeok |
| se jeter dans ... | … 로 흘러가다 | ... ro heul-leo-ga-da |
| | | |
| affluent (m) | 지류 | ji-ryu |
| rive (f) | 둑 | duk |
| | | |
| courant (m) | 흐름 | heu-reum |
| en aval | 하류로 | gang ha-ryu-ro |
| en amont | 상류로 | sang-nyu-ro |
| | | |
| inondation (f) | 홍수 | hong-su |
| les grandes crues | 홍수 | hong-su |
| déborder (vt) | 범람하다 | beom-nam-ha-da |
| inonder (vt) | 범람하다 | beom-nam-ha-da |
| | | |
| bas-fond (m) | 얕은 곳 | ya-teun got |
| rapide (m) | 여울 | yeo-ul |
| | | |
| barrage (m) | 댐 | daem |
| canal (m) | 운하 | un-ha |
| lac (m) de barrage | 저수지 | jeo-su-ji |
| écluse (f) | 수문 | su-mun |
| | | |
| plan (m) d'eau | 저장 수량 | jeo-jang su-ryang |
| marais (m) | 늪, 소택지 | neup, so-taek-ji |
| fondrière (f) | 수렁 | su-reong |
| tourbillon (m) | 소용돌이 | so-yong-do-ri |
| ruisseau (m) | 개울, 시내 | gae-ul, si-nae |
| potable (adj) | 마실 수 있는 | ma-sil su in-neun |

| douce (l'eau ~) | 민물의 | min-mu-rui |
| glace (f) | 얼음 | eo-reum |
| être gelé | 얼다 | eol-da |

## 170. La forêt

| forêt (f) | 숲 | sup |
| forestier (adj) | 산림의 | sal-li-mui |

| fourré (m) | 밀림 | mil-lim |
| bosquet (m) | 작은 숲 | ja-geun sup |
| clairière (f) | 빈터 | bin-teo |

| broussailles (f pl) | 덤불 | deom-bul |
| taillis (m) | 관목지 | gwan-mok-ji |

| sentier (m) | 오솔길 | o-sol-gil |
| ravin (m) | 도랑 | do-rang |

| arbre (m) | 나무 | na-mu |
| feuille (f) | 잎 | ip |
| feuillage (m) | 나뭇잎 | na-mun-nip |

| chute (f) de feuilles | 낙엽 | na-gyeop |
| tomber (feuilles) | 떨어지다 | tteo-reo-ji-da |

| rameau (m) | 가지 | ga-ji |
| branche (f) | 큰 가지 | keun ga-ji |
| bourgeon (m) | 잎눈 | im-nun |
| aiguille (f) | 바늘 | ba-neul |
| pomme (f) de pin | 솔방울 | sol-bang-ul |

| creux (m) | 구멍 | gu-meong |
| nid (m) | 둥지 | dung-ji |
| terrier (m) (~ d'un renard) | 굴 | gul |

| tronc (m) | 몸통 | mom-tong |
| racine (f) | 뿌리 | ppu-ri |
| écorce (f) | 껍질 | kkeop-jil |
| mousse (f) | 이끼 | i-kki |

| déraciner (vt) | 수목을 통째 뽑다 | su-mo-geul tong-jjae ppop-da |
| abattre (un arbre) | 자르다 | ja-reu-da |
| déboiser (vt) | 삼림을 없애다 | sam-ni-meul reop-sae-da |
| souche (f) | 그루터기 | geu-ru-teo-gi |

| feu (m) de bois | 모닥불 | mo-dak-bul |
| incendie (m) | 산불 | san-bul |
| éteindre (feu) | 끄다 | kkeu-da |

| garde (m) forestier | 산림경비원 | sal-lim-gyeong-bi-won |
| protection (f) | 보호 | bo-ho |
| protéger (vt) | 보호하다 | bo-ho-ha-da |
| braconnier (m) | 밀렵자 | mil-lyeop-ja |

| | | |
|---|---|---|
| piège (m) à mâchoires | 덫 | deot |
| cueillir (vt) | 따다 | tta-da |
| s'égarer (vp) | 길을 잃다 | gi-reul ril-ta |

## 171. Les ressources naturelles

| | | |
|---|---|---|
| ressources (f pl) naturelles | 천연 자원 | cheo-nyeon ja-won |
| gisement (m) | 매장량 | mae-jang-nyang |
| champ (m) (~ pétrolifère) | 지역 | ji-yeok |
| | | |
| extraire (vt) | 채광하다 | chae-gwang-ha-da |
| extraction (f) | 막장일 | mak-jang-il |
| minerai (m) | 광석 | gwang-seok |
| mine (f) (site) | 광산 | gwang-san |
| puits (m) de mine | 갱도 | gaeng-do |
| mineur (m) | 광부 | gwang-bu |
| | | |
| gaz (m) | 가스 | ga-seu |
| gazoduc (m) | 가스관 | ga-seu-gwan |
| | | |
| pétrole (m) | 석유 | seo-gyu |
| pipeline (m) | 석유 파이프라인 | seo-gyu pa-i-peu-ra-in |
| tour (f) de forage | 유정 | yu-jeong |
| derrick (m) | 유정탑 | yu-jeong-tap |
| pétrolier (m) | 유조선 | yu-jo-seon |
| | | |
| sable (m) | 모래 | mo-rae |
| calcaire (m) | 석회석 | seok-oe-seok |
| gravier (m) | 자갈 | ja-gal |
| tourbe (f) | 토탄 | to-tan |
| argile (f) | 점토 | jeom-to |
| charbon (m) | 석탄 | seok-tan |
| | | |
| fer (m) | 철 | cheol |
| or (m) | 금 | geum |
| argent (m) | 은 | eun |
| nickel (m) | 니켈 | ni-kel |
| cuivre (m) | 구리 | gu-ri |
| | | |
| zinc (m) | 아연 | a-yeon |
| manganèse (m) | 망간 | mang-gan |
| mercure (m) | 수은 | su-eun |
| plomb (m) | 납 | nap |
| | | |
| minéral (m) | 광물 | gwang-mul |
| cristal (m) | 수정 | su-jeong |
| marbre (m) | 대리석 | dae-ri-seok |
| uranium (m) | 우라늄 | u-ra-nyum |

# La Terre. Partie 2

## 172. Le temps

| | | |
|---|---|---|
| temps (m) | 날씨 | nal-ssi |
| météo (f) | 일기 예보 | il-gi ye-bo |
| température (f) | 온도 | on-do |
| thermomètre (m) | 온도계 | on-do-gye |
| baromètre (m) | 기압계 | gi-ap-gye |
| | | |
| humidité (f) | 습함, 습기 | seu-pam, seup-gi |
| chaleur (f) (canicule) | 더위 | deo-wi |
| | | |
| torride (adj) | 더운 | deo-un |
| il fait très chaud | 덥다 | deop-da |
| | | |
| il fait chaud | 따뜻하다 | tta-tteu-ta-da |
| chaud (modérément) | 따뜻한 | tta-tteu-tan |
| | | |
| il fait froid | 춥다 | chup-da |
| froid (adj) | 추운 | chu-un |
| | | |
| soleil (m) | 해 | hae |
| briller (soleil) | 빛나다 | bin-na-da |
| ensoleillé (jour ~) | 화창한 | hwa-chang-han |
| | | |
| se lever (vp) | 뜨다 | tteu-da |
| se coucher (vp) | 지다 | ji-da |
| | | |
| nuage (m) | 구름 | gu-reum |
| nuageux (adj) | 구름의 | gu-reum-ui |
| sombre (adj) | 흐린 | heu-rin |
| | | |
| pluie (f) | 비 | bi |
| il pleut | 비가 오다 | bi-ga o-da |
| | | |
| pluvieux (adj) | 비가 오는 | bi-ga o-neun |
| bruiner (v imp) | 이슬비가 내리다 | i-seul-bi-ga nae-ri-da |
| | | |
| pluie (f) torrentielle | 억수 | eok-su |
| averse (f) | 호우 | ho-u |
| forte (la pluie ~) | 심한 | sim-han |
| | | |
| flaque (f) | 웅덩이 | ung-deong-i |
| se faire mouiller | 젖다 | jeot-da |
| | | |
| brouillard (m) | 안개 | an-gae |
| brumeux (adj) | 안개가 자욱한 | an-gae-ga ja-uk-an |
| neige (f) | 눈 | nun |
| il neige | 눈이 오다 | nun-i o-da |

## 173. Les intempéries. Les catastrophes naturelles

| | | |
|---|---|---|
| orage (m) | 뇌우 | noe-u |
| éclair (m) | 번개 | beon-gae |
| éclater (foudre) | 번쩍이다 | beon-jjeo-gi-da |
| tonnerre (m) | 천둥 | cheon-dung |
| gronder (tonnerre) | 천둥이 치다 | cheon-dung-i chi-da |
| le tonnerre gronde | 천둥이 치다 | cheon-dung-i chi-da |
| grêle (f) | 싸락눈 | ssa-rang-nun |
| il grêle | 싸락눈이 내리다 | ssa-rang-nun-i nae-ri-da |
| inonder (vt) | 범람하다 | beom-nam-ha-da |
| inondation (f) | 홍수 | hong-su |
| tremblement (m) de terre | 지진 | ji-jin |
| secousse (f) | 진동 | jin-dong |
| épicentre (m) | 진앙 | jin-ang |
| éruption (f) | 폭발 | pok-bal |
| lave (f) | 용암 | yong-am |
| tourbillon (m) | 회오리바람 | hoe-o-ri-ba-ram |
| tornade (f) | 토네이도 | to-ne-i-do |
| typhon (m) | 태풍 | tae-pung |
| ouragan (m) | 허리케인 | heo-ri-ke-in |
| tempête (f) | 폭풍우 | pok-pung-u |
| tsunami (m) | 해일 | hae-il |
| incendie (m) | 불 | bul |
| catastrophe (f) | 재해 | jae-hae |
| météorite (m) | 운석 | un-seok |
| avalanche (f) | 눈사태 | nun-sa-tae |
| éboulement (m) | 눈사태 | nun-sa-tae |
| blizzard (m) | 눈보라 | nun-bo-ra |
| tempête (f) de neige | 눈보라 | nun-bo-ra |

# La faune

## 174. Les mammifères. Les prédateurs

| | | |
|---|---|---|
| prédateur (m) | 육식 동물 | yuk-sik dong-mul |
| tigre (m) | 호랑이 | ho-rang-i |
| lion (m) | 사자 | sa-ja |
| loup (m) | 이리 | i-ri |
| renard (m) | 여우 | yeo-u |
| | | |
| jaguar (m) | 재규어 | jae-gyu-eo |
| léopard (m) | 표범 | pyo-beom |
| guépard (m) | 치타 | chi-ta |
| | | |
| puma (m) | 퓨마 | pyu-ma |
| léopard (m) de neiges | 눈표범 | nun-pyo-beom |
| lynx (m) | 스라소니 | seu-ra-so-ni |
| | | |
| coyote (m) | 코요테 | ko-yo-te |
| chacal (m) | 재칼 | jae-kal |
| hyène (f) | 하이에나 | ha-i-e-na |

## 175. Les animaux sauvages

| | | |
|---|---|---|
| animal (m) | 동물 | dong-mul |
| bête (f) | 짐승 | jim-seung |
| | | |
| écureuil (m) | 다람쥐 | da-ram-jwi |
| hérisson (m) | 고슴도치 | go-seum-do-chi |
| lièvre (m) | 토끼 | to-kki |
| lapin (m) | 굴토끼 | gul-to-kki |
| | | |
| blaireau (m) | 오소리 | o-so-ri |
| raton (m) | 너구리 | neo-gu-ri |
| hamster (m) | 햄스터 | haem-seu-teo |
| marmotte (f) | 마멋 | ma-meot |
| | | |
| taupe (f) | 두더지 | du-deo-ji |
| souris (f) | 생쥐 | saeng-jwi |
| rat (m) | 시궁쥐 | si-gung-jwi |
| chauve-souris (f) | 박쥐 | bak-jwi |
| | | |
| hermine (f) | 북방족제비 | buk-bang-jok-je-bi |
| zibeline (f) | 검은담비 | geo-meun-dam-bi |
| martre (f) | 담비 | dam-bi |
| vison (m) | 밍크 | ming-keu |
| castor (m) | 비버 | bi-beo |
| loutre (f) | 수달 | su-dal |

| | | |
|---|---|---|
| cheval (m) | 말 | mal |
| élan (m) | 엘크, 무스 | el-keu, mu-seu |
| cerf (m) | 사슴 | sa-seum |
| chameau (m) | 낙타 | nak-ta |
| | | |
| bison (m) | 미국들소 | mi-guk-deul-so |
| aurochs (m) | 유럽들소 | yu-reop-deul-so |
| buffle (m) | 물소 | mul-so |
| | | |
| zèbre (m) | 얼룩말 | eol-lung-mal |
| antilope (f) | 영양 | yeong-yang |
| chevreuil (m) | 노루 | no-ru |
| biche (f) | 다마사슴 | da-ma-sa-seum |
| chamois (m) | 샤모아 | sya-mo-a |
| sanglier (m) | 멧돼지 | met-dwae-ji |
| | | |
| baleine (f) | 고래 | go-rae |
| phoque (m) | 바다표범 | ba-da-pyo-beom |
| morse (m) | 바다코끼리 | ba-da-ko-kki-ri |
| ours (m) de mer | 물개 | mul-gae |
| dauphin (m) | 돌고래 | dol-go-rae |
| | | |
| ours (m) | 곰 | gom |
| ours (m) blanc | 북극곰 | buk-geuk-gom |
| panda (m) | 판다 | pan-da |
| | | |
| singe (m) | 원숭이 | won-sung-i |
| chimpanzé (m) | 침팬지 | chim-paen-ji |
| orang-outang (m) | 오랑우탄 | o-rang-u-tan |
| gorille (m) | 고릴라 | go-ril-la |
| macaque (m) | 마카크 | ma-ka-keu |
| gibbon (m) | 긴팔원숭이 | gin-pa-rwon-sung-i |
| | | |
| éléphant (m) | 코끼리 | ko-kki-ri |
| rhinocéros (m) | 코뿔소 | ko-ppul-so |
| girafe (f) | 기린 | gi-rin |
| hippopotame (m) | 하마 | ha-ma |
| | | |
| kangourou (m) | 캥거루 | kaeng-geo-ru |
| koala (m) | 코알라 | ko-al-la |
| | | |
| mangouste (f) | 몽구스 | mong-gu-seu |
| chinchilla (m) | 친칠라 | chin-chil-la |
| mouffette (f) | 스컹크 | seu-keong-keu |
| porc-épic (m) | 호저 | ho-jeo |

## 176. Les animaux domestiques

| | | |
|---|---|---|
| chat (m) (femelle) | 고양이 | go-yang-i |
| chat (m) (mâle) | 수고양이 | su-go-yang-i |
| | | |
| cheval (m) | 말 | mal |
| étalon (m) | 수말, 종마 | su-mal, jong-ma |
| jument (f) | 암말 | am-mal |

| vache (f) | 암소 | am-so |
| taureau (m) | 황소 | hwang-so |
| bœuf (m) | 수소 | su-so |

| brebis (f) | 양, 암양 | yang, a-myang |
| mouton (m) | 수양 | su-yang |
| chèvre (f) | 염소 | yeom-so |
| bouc (m) | 숫염소 | sun-nyeom-so |

| âne (m) | 당나귀 | dang-na-gwi |
| mulet (m) | 노새 | no-sae |

| cochon (m) | 돼지 | dwae-ji |
| pourceau (m) | 돼지 새끼 | dwae-ji sae-kki |
| lapin (m) | 집토끼 | jip-to-kki |

| poule (f) | 암탉 | am-tak |
| coq (m) | 수탉 | su-tak |

| canard (m) | 집오리 | ji-bo-ri |
| canard (m) mâle | 수오리 | su-o-ri |
| oie (f) | 집거위 | jip-geo-wi |

| dindon (m) | 수칠면조 | su-chil-myeon-jo |
| dinde (f) | 칠면조 | chil-myeon-jo |

| animaux (m pl) domestiques | 가축 | ga-chuk |
| apprivoisé (adj) | 길들여진 | gil-deu-ryeo-jin |
| apprivoiser (vt) | 길들이다 | gil-deu-ri-da |
| élever (vt) | 사육하다, 기르다 | sa-yuk-a-da, gi-reu-da |

| ferme (f) | 농장 | nong-jang |
| volaille (f) | 가금 | ga-geum |
| bétail (m) | 가축 | ga-chuk |
| troupeau (m) | 떼 | tte |

| écurie (f) | 마구간 | ma-gu-gan |
| porcherie (f) | 돼지 우리 | dwae-ji u-ri |
| vacherie (f) | 외양간 | oe-yang-gan |
| cabane (f) à lapins | 토끼장 | to-kki-jang |
| poulailler (m) | 닭장 | dak-jang |

## 177. Le chien. Les races

| chien (m) | 개 | gae |
| berger (m) | 양치기 개 | yang-chi-gi gae |
| caniche (f) | 푸들 | pu-deul |
| teckel (m) | 닥스훈트 | dak-seu-hun-teu |

| bouledogue (m) | 불독 | bul-dok |
| boxer (m) | 복서 | bok-seo |
| mastiff (m) | 매스티프 | mae-seu-ti-peu |
| rottweiler (m) | 로트와일러 | ro-teu-wa-il-leo |
| doberman (m) | 도베르만 | do-be-reu-man |

| | | |
|---|---|---|
| basset (m) | 바셋 하운드 | ba-set ta-un-deu |
| bobtail (m) | 밥테일 | bap-te-il |
| dalmatien (m) | 달마시안 | dal-ma-si-an |
| cocker (m) | 코커 스패니얼 | ko-keo seu-pae-ni-eol |
| | | |
| terre-neuve (m) | 뉴펀들랜드 | nyu-peon-deul-laen-deu |
| saint-bernard (m) | 세인트버나드 | se-in-teu-beo-na-deu |
| | | |
| husky (m) | 허스키 | heo-seu-ki |
| spitz (m) | 스피츠 | seu-pi-cheu |
| carlin (m) | 퍼그 | peo-geu |

## 178. Les cris des animaux

| | | |
|---|---|---|
| aboiement (m) | 짖는 소리 | jin-neun so-ri |
| aboyer (vi) | 짖다 | jit-da |
| miauler (vi) | 야옹 하고 울다 | ya-ong ha-go ul-da |
| ronronner (vi) | 목을 가르랑거리다 | mo-geul ga-reu-rang-geo-ri-da |
| | | |
| meugler (vi) | 음매 울다 | eum-mae ul-da |
| beugler (taureau) | 우렁찬 소리를 내다 | u-reong-chan so-ri-reul lae-da |
| rugir (chien) | 으르렁거리다 | eu-reu-reong-geo-ri-da |
| | | |
| hurlement (m) | 울부짖음 | ul-bu-ji-jeum |
| hurler (loup) | 울다 | ul-da |
| geindre (vi) | 낑낑거리다 | kking-kking-geo-ri-da |
| | | |
| bêler (vi) | 매애하고 울다 | mae-ae-ha-go ul-da |
| grogner (cochon) | 꿀꿀거리다 | kkul-kkul-geo-ri-da |
| glapir (cochon) | 하는 소리를 내다 | ha-neun so-ri-reul lae-da |
| | | |
| coasser (vi) | 개골개골하다 | gae-gol-gae-gol-ha-da |
| bourdonner (vi) | 윙윙거리다 | wing-wing-geo-ri-da |
| striduler (vi) | 찌르찌르 울다 | jji-reu-jji-reu ul-da |

## 179. Les oiseaux

| | | |
|---|---|---|
| oiseau (m) | 새 | sae |
| pigeon (m) | 비둘기 | bi-dul-gi |
| moineau (m) | 참새 | cham-sae |
| mésange (f) | 박새 | bak-sae |
| pie (f) | 까치 | kka-chi |
| | | |
| corbeau (m) | 갈가마귀 | gal-ga-ma-gwi |
| corneille (f) | 까마귀 | kka-ma-gwi |
| choucas (m) | 갈가마귀 | gal-ga-ma-gwi |
| freux (m) | 떼까마귀 | ttae-kka-ma-gwi |
| | | |
| canard (m) | 오리 | o-ri |
| oie (f) | 거위 | geo-wi |

| faisan (m) | 꿩 | kkwong |
| aigle (m) | 독수리 | dok-su-ri |
| épervier (m) | 매 | mae |
| faucon (m) | 매 | mae |
| vautour (m) | 독수리, 콘도르 | dok-su-ri, kon-do-reu |
| condor (m) | 콘도르 | kon-do-reu |

| cygne (m) | 백조 | baek-jo |
| grue (f) | 두루미 | du-ru-mi |
| cigogne (f) | 황새 | hwang-sae |

| perroquet (m) | 앵무새 | aeng-mu-sae |
| colibri (m) | 벌새 | beol-sae |
| paon (m) | 공작 | gong-jak |

| autruche (f) | 타조 | ta-jo |
| héron (m) | 왜가리 | wae-ga-ri |
| flamant (m) | 플라밍고 | peul-la-ming-go |
| pélican (m) | 펠리컨 | pel-li-keon |

| rossignol (m) | 나이팅게일 | na-i-ting-ge-il |
| hirondelle (f) | 제비 | je-bi |

| merle (m) | 지빠귀 | ji-ppa-gwi |
| grive (f) | 노래지빠귀 | no-rae-ji-ppa-gwi |
| merle (m) noir | 대륙검은지빠귀 | dae-ryuk-geo-meun-ji-ppa-gwi |

| martinet (m) | 칼새 | kal-sae |
| alouette (f) des champs | 종다리 | jong-da-ri |
| caille (f) | 메추라기 | me-chu-ra-gi |

| pivert (m) | 딱따구리 | ttak-tta-gu-ri |
| coucou (m) | 뻐꾸기 | ppeo-kku-gi |
| chouette (f) | 올빼미 | ol-ppae-mi |
| hibou (m) | 수리부엉이 | su-ri-bu-eong-i |
| tétras (m) | 큰뇌조 | keun-noe-jo |
| tétras-lyre (m) | 멧닭 | met-dak |
| perdrix (f) | 자고 | ja-go |

| étourneau (m) | 찌르레기 | jji-reu-re-gi |
| canari (m) | 카나리아 | ka-na-ri-a |
| pinson (m) | 되새 | doe-sae |
| bouvreuil (m) | 피리새 | pi-ri-sae |

| mouette (f) | 갈매기 | gal-mae-gi |
| albatros (m) | 신천옹 | sin-cheon-ong |
| pingouin (m) | 펭귄 | peng-gwin |

## 180. Les oiseaux. Le chant, les cris

| chanter (vi) | 노래하다 | no-rae-ha-da |
| crier (vi) | 울다 | ul-da |
| chanter (le coq) | 꼬끼오 하고 울다 | kko-kki-o ha-go ul-da |

| | | |
|---|---|---|
| cocorico (m) | 꼬끼오 | kko-kki-o |
| glousser (vi) | 꼬꼬댁거리다 | kko-kko-daek-geo-ri-da |
| croasser (vi) | 까악까악 울다 | kka-ak-kka-ak gul-da |
| cancaner (vi) | 꽥꽥 울다 | kkwaek-kkwaek gul-da |
| piauler (vi) | 삐약삐약 울다 | ppi-yak-ppi-yak gul-da |
| pépier (vi) | 짹짹 울다 | jjaek-jjaek gul-da |

## 181. Les poissons. Les animaux marins

| | | |
|---|---|---|
| brème (f) | 도미류 | do-mi-ryu |
| carpe (f) | 잉어 | ing-eo |
| perche (f) | 농어의 일종 | nong-eo-ui il-jong |
| silure (m) | 메기 | me-gi |
| brochet (m) | 북부민물꼬치고기 | buk-bu-min-mul-kko-chi-go-gi |
| saumon (m) | 연어 | yeon-eo |
| esturgeon (m) | 철갑상어 | cheol-gap-sang-eo |
| hareng (m) | 청어 | cheong-eo |
| saumon (m) atlantique | 대서양 연어 | dae-seo-yang yeon-eo |
| maquereau (m) | 고등어 | go-deung-eo |
| flet (m) | 넙치 | neop-chi |
| morue (f) | 대구 | dae-gu |
| thon (m) | 참치 | cham-chi |
| truite (f) | 송어 | song-eo |
| anguille (f) | 뱀장어 | baem-jang-eo |
| torpille (f) | 시끈가오리 | si-kkeun-ga-o-ri |
| murène (f) | 곰치 | gom-chi |
| piranha (m) | 피라니아 | pi-ra-ni-a |
| requin (m) | 상어 | sang-eo |
| dauphin (m) | 돌고래 | dol-go-rae |
| baleine (f) | 고래 | go-rae |
| crabe (m) | 게 | ge |
| méduse (f) | 해파리 | hae-pa-ri |
| pieuvre (f), poulpe (m) | 낙지 | nak-ji |
| étoile (f) de mer | 불가사리 | bul-ga-sa-ri |
| oursin (m) | 성게 | seong-ge |
| hippocampe (m) | 해마 | hae-ma |
| huître (f) | 굴 | gul |
| crevette (f) | 새우 | sae-u |
| homard (m) | 바닷가재 | ba-dat-ga-jae |
| langoustine (f) | 대하 | dae-ha |

## 182. Les amphibiens. Les reptiles

| | | |
|---|---|---|
| serpent (m) | 뱀 | baem |
| venimeux (adj) | 독이 있는 | do-gi in-neun |

| vipère (f) | 살무사 | sal-mu-sa |
| cobra (m) | 코브라 | ko-beu-ra |
| python (m) | 비단뱀 | bi-dan-baem |
| boa (m) | 보아 | bo-a |

| couleuvre (f) | 풀뱀 | pul-baem |
| serpent (m) à sonnettes | 방울뱀 | bang-ul-baem |
| anaconda (m) | 아나콘다 | a-na-kon-da |

| lézard (m) | 도마뱀 | do-ma-baem |
| iguane (m) | 이구아나 | i-gu-a-na |
| salamandre (f) | 도롱뇽 | do-rong-nyong |
| caméléon (m) | 카멜레온 | ka-mel-le-on |
| scorpion (m) | 전갈 | jeon-gal |

| tortue (f) | 거북 | geo-buk |
| grenouille (f) | 개구리 | gae-gu-ri |
| crapaud (m) | 두꺼비 | du-kkeo-bi |
| crocodile (m) | 악어 | a-geo |

## 183. Les insectes

| insecte (m) | 곤충 | gon-chung |
| papillon (m) | 나비 | na-bi |
| fourmi (f) | 개미 | gae-mi |
| mouche (f) | 파리 | pa-ri |
| moustique (m) | 모기 | mo-gi |
| scarabée (m) | 딱정벌레 | ttak-jeong-beol-le |

| guêpe (f) | 말벌 | mal-beol |
| abeille (f) | 꿀벌 | kkul-beol |
| bourdon (m) | 호박벌 | ho-bak-beol |
| œstre (m) | 쇠파리 | soe-pa-ri |

| araignée (f) | 거미 | geo-mi |
| toile (f) d'araignée | 거미줄 | geo-mi-jul |

| libellule (f) | 잠자리 | jam-ja-ri |
| sauterelle (f) | 메뚜기 | me-ttu-gi |
| papillon (m) | 나방 | na-bang |

| cafard (m) | 바퀴벌레 | ba-kwi-beol-le |
| tique (f) | 진드기 | jin-deu-gi |
| puce (f) | 벼룩 | byeo-ruk |
| moucheron (m) | 깔따구 | kkal-tta-gu |

| criquet (m) | 메뚜기 | me-ttu-gi |
| escargot (m) | 달팽이 | dal-paeng-i |
| grillon (m) | 귀뚜라미 | gwi-ttu-ra-mi |
| luciole (f) | 개똥벌레 | gae-ttong-beol-le |
| coccinelle (f) | 무당벌레 | mu-dang-beol-le |
| hanneton (m) | 왕풍뎅이 | wang-pung-deng-i |
| sangsue (f) | 거머리 | geo-meo-ri |
| chenille (f) | 애벌레 | ae-beol-le |

| ver (m) | 지렁이 | ji-reong-i |
| larve (f) | 애벌레 | ae-beol-le |

## 184. Les parties du corps des animaux

| bec (m) | 부리 | bu-ri |
| ailes (f pl) | 날개 | nal-gae |
| patte (f) | 다리 | da-ri |
| plumage (m) | 깃털 | git-teol |
| plume (f) | 깃털 | git-teol |
| houppe (f) | 볏 | byeot |
| ouïes (f pl) | 아가미 | a-ga-mi |
| œufs (m pl) | 알을 낳다 | a-reul la-ta |
| larve (f) | 애벌레 | ae-beol-le |
| nageoire (f) | 지느러미 | ji-neu-reo-mi |
| écaille (f) | 비늘 | bi-neul |
| croc (m) | 송곳니 | song-gon-ni |
| patte (f) | 발 | bal |
| museau (m) | 주둥이 | ju-dung-i |
| gueule (f) | 입 | ip |
| queue (f) | 꼬리 | kko-ri |
| moustaches (f pl) | 수염 | su-yeom |
| sabot (m) | 발굽 | bal-gup |
| corne (f) | 뿔 | ppul |
| carapace (f) | 등딱지 | deung-ttak-ji |
| coquillage (m) | 조개 껍질 | jo-gae kkeop-jil |
| coquille (f) d'œuf | 달걀 껍질 | dal-gyal kkeop-jil |
| poil (m) | 털 | teol |
| peau (f) | 가죽 | ga-juk |

## 185. Les habitats des animaux

| habitat (m) naturel | 서식지 | seo-sik-ji |
| migration (f) | 이동 | i-dong |
| montagne (f) | 산 | san |
| récif (m) | 암초 | am-cho |
| rocher (m) | 절벽 | jeol-byeok |
| forêt (f) | 숲 | sup |
| jungle (f) | 정글 | jeong-geul |
| savane (f) | 대초원 | dae-cho-won |
| toundra (f) | 툰드라 | tun-deu-ra |
| steppe (f) | 스텝 지대 | seu-tep ji-dae |
| désert (m) | 사막 | sa-mak |
| oasis (f) | 오아시스 | o-a-si-seu |

| mer (f) | 바다 | ba-da |
| lac (m) | 호수 | ho-su |
| océan (m) | 대양 | dae-yang |

| marais (m) | 늪, 소택지 | neup, so-taek-ji |
| d'eau douce (adj) | 민물의 | min-mu-rui |
| étang (m) | 연못 | yeon-mot |
| rivière (f), fleuve (m) | 강 | gang |

| tanière (f) | 굴 | gul |
| nid (m) | 둥지 | dung-ji |
| creux (m) | 구멍 | gu-meong |
| terrier (m) (~ d'un renard) | 굴 | gul |
| fourmilière (f) | 개미탑 | gae-mi-tap |

# La flore

## 186. Les arbres

| | | |
|---|---|---|
| arbre (m) | 나무 | na-mu |
| à feuilles caduques | 낙엽수의 | na-gyeop-su-ui |
| conifère (adj) | 침엽수의 | chi-myeop-su-ui |
| à feuilles persistantes | 상록의 | sang-no-gui |
| | | |
| pommier (m) | 사과나무 | sa-gwa-na-mu |
| poirier (m) | 배나무 | bae-na-mu |
| merisier (m), cerisier (m) | 벚나무 | beon-na-mu |
| prunier (m) | 자두나무 | ja-du-na-mu |
| | | |
| bouleau (m) | 자작나무 | ja-jang-na-mu |
| chêne (m) | 오크 | o-keu |
| tilleul (m) | 보리수 | bo-ri-su |
| tremble (m) | 사시나무 | sa-si-na-mu |
| érable (m) | 단풍나무 | dan-pung-na-mu |
| | | |
| épicéa (m) | 가문비나무 | ga-mun-bi-na-mu |
| pin (m) | 소나무 | so-na-mu |
| mélèze (m) | 낙엽송 | na-gyeop-song |
| sapin (m) | 전나무 | jeon-na-mu |
| cèdre (m) | 시다 | si-da |
| | | |
| peuplier (m) | 포플러 | po-peul-leo |
| sorbier (m) | 마가목 | ma-ga-mok |
| saule (m) | 버드나무 | beo-deu-na-mu |
| aune (m) | 오리나무 | o-ri-na-mu |
| | | |
| hêtre (m) | 너도밤나무 | neo-do-bam-na-mu |
| orme (m) | 느릅나무 | neu-reum-na-mu |
| frêne (m) | 물푸레나무 | mul-pu-re-na-mu |
| marronnier (m) | 밤나무 | bam-na-mu |
| magnolia (m) | 목련 | mong-nyeon |
| palmier (m) | 야자나무 | ya-ja-na-mu |
| cyprès (m) | 사이프러스 | sa-i-peu-reo-seu |
| | | |
| palétuvier (m) | 맹그로브 | maeng-geu-ro-beu |
| baobab (m) | 바오밥나무 | ba-o-bam-na-mu |
| eucalyptus (m) | 유칼립투스 | yu-kal-lip-tu-seu |
| séquoia (m) | 세쿼이아 | se-kwo-i-a |

## 187. Les arbustes

| | | |
|---|---|---|
| buisson (m) | 덤불 | deom-bul |
| arbrisseau (m) | 관목 | gwan-mok |

| vigne (f) | 포도 덩굴 | po-do deong-gul |
| vigne (f) (vignoble) | 포도밭 | po-do-bat |

| framboise (f) | 라즈베리 | ra-jeu-be-ri |
| groseille (f) rouge | 레드커런트 나무 | re-deu-keo-reon-teu na-mu |
| groseille (f) verte | 구스베리 나무 | gu-seu-be-ri na-mu |

| acacia (m) | 아카시아 | a-ka-si-a |
| berbéris (m) | 매자나무 | mae-ja-na-mu |
| jasmin (m) | 재스민 | jae-seu-min |

| genévrier (m) | 두송 | du-song |
| rosier (m) | 장미 덤불 | jang-mi deom-bul |
| églantier (m) | 찔레나무 | jjil-le-na-mu |

## 188. Les champignons

| champignon (m) | 버섯 | beo-seot |
| champignon (m) comestible | 식용 버섯 | si-gyong beo-seot |
| champignon (m) vénéneux | 독버섯 | dok-beo-seot |
| chapeau (m) | 버섯의 갓 | beo-seos-ui gat |
| pied (m) | 줄기 | jul-gi |

| bolet (m) orangé | 등색껄껄이그물버섯 | deung-saek-kkeol-kkeo-ri-geu-mul-beo-seot |
| bolet (m) bai | 거친껄껄이그물버섯 | geo-chin-kkeol-kkeo-ri-geu-mul-beo-seot |
| girolle (f) | 살구버섯 | sal-gu-beo-seot |
| russule (f) | 무당버섯 | mu-dang-beo-seot |
| morille (f) | 곰보버섯 | gom-bo-beo-seot |
| amanite (f) tue-mouches | 광대버섯 | gwang-dae-beo-seot |
| oronge (f) verte | 알광대버섯 | al-gwang-dae-beo-seot |

## 189. Les fruits. Les baies

| pomme (f) | 사과 | sa-gwa |
| poire (f) | 배 | bae |
| prune (f) | 자두 | ja-du |

| fraise (f) | 딸기 | ttal-gi |
| cerise (f) | 신양 | si-nyang |
| merise (f) | 양벚나무 | yang-beon-na-mu |
| raisin (m) | 포도 | po-do |

| framboise (f) | 라즈베리 | ra-jeu-be-ri |
| cassis (m) | 블랙커렌트 | beul-laek-keo-ren-teu |
| groseille (f) rouge | 레드커렌트 | re-deu-keo-ren-teu |
| groseille (f) verte | 구스베리 | gu-seu-be-ri |
| canneberge (f) | 크랜베리 | keu-raen-be-ri |
| orange (f) | 오렌지 | o-ren-ji |
| mandarine (f) | 귤 | gyul |

| | | |
|---|---|---|
| ananas (m) | 파인애플 | pa-in-ae-peul |
| banane (f) | 바나나 | ba-na-na |
| datte (f) | 대추야자 | dae-chu-ya-ja |
| | | |
| citron (m) | 레몬 | re-mon |
| abricot (m) | 살구 | sal-gu |
| pêche (f) | 복숭아 | bok-sung-a |
| kiwi (m) | 키위 | ki-wi |
| pamplemousse (m) | 자몽 | ja-mong |
| | | |
| baie (f) | 장과 | jang-gwa |
| baies (f pl) | 장과류 | jang-gwa-ryu |
| airelle (f) rouge | 월귤나무 | wol-gyul-la-mu |
| fraise (f) des bois | 야생딸기 | ya-saeng-ttal-gi |
| myrtille (f) | 빌베리 | bil-be-ri |

## 190. Les fleurs. Les plantes

| | | |
|---|---|---|
| fleur (f) | 꽃 | kkot |
| bouquet (m) | 꽃다발 | kkot-da-bal |
| | | |
| rose (f) | 장미 | jang-mi |
| tulipe (f) | 튤립 | tyul-lip |
| oeillet (m) | 카네이션 | ka-ne-i-syeon |
| glaïeul (m) | 글라디올러스 | geul-la-di-ol-leo-seu |
| | | |
| bleuet (m) | 수레국화 | su-re-guk-wa |
| campanule (f) | 실잔대 | sil-jan-dae |
| dent-de-lion (f) | 민들레 | min-deul-le |
| marguerite (f) | 캐모마일 | kae-mo-ma-il |
| | | |
| aloès (m) | 알로에 | al-lo-e |
| cactus (m) | 선인장 | seon-in-jang |
| ficus (m) | 고무나무 | go-mu-na-mu |
| | | |
| lis (m) | 백합 | baek-ap |
| géranium (m) | 제라늄 | je-ra-nyum |
| jacinthe (f) | 히아신스 | hi-a-sin-seu |
| | | |
| mimosa (m) | 미모사 | mi-mo-sa |
| jonquille (f) | 수선화 | su-seon-hwa |
| capucine (f) | 한련 | hal-lyeon |
| | | |
| orchidée (f) | 난초 | nan-cho |
| pivoine (f) | 모란 | mo-ran |
| violette (f) | 바이올렛 | ba-i-ol-let |
| | | |
| pensée (f) | 팬지 | paen-ji |
| myosotis (m) | 물망초 | mul-mang-cho |
| pâquerette (f) | 데이지 | de-i-ji |
| | | |
| coquelicot (m) | 양귀비 | yang-gwi-bi |
| chanvre (m) | 삼 | sam |
| menthe (f) | 박하 | bak-a |

| | | |
|---|---|---|
| muguet (m) | 은방울꽃 | eun-bang-ul-kkot |
| perce-neige (f) | 스노드롭 | seu-no-deu-rop |
| | | |
| ortie (f) | 쐐기풀 | sswae-gi-pul |
| oseille (f) | 수영 | su-yeong |
| nénuphar (m) | 수련 | su-ryeon |
| fougère (f) | 고사리 | go-sa-ri |
| lichen (m) | 이끼 | i-kki |
| | | |
| serre (f) tropicale | 온실 | on-sil |
| gazon (m) | 잔디 | jan-di |
| parterre (m) de fleurs | 꽃밭 | kkot-bat |
| | | |
| plante (f) | 식물 | sing-mul |
| herbe (f) | 풀 | pul |
| brin (m) d'herbe | 풀잎 | pu-rip |
| | | |
| feuille (f) | 잎 | ip |
| pétale (m) | 꽃잎 | kko-chip |
| tige (f) | 줄기 | jul-gi |
| tubercule (m) | 구근 | gu-geun |
| | | |
| pousse (f) | 새싹 | sae-ssak |
| épine (f) | 가시 | ga-si |
| | | |
| fleurir (vi) | 피우다 | pi-u-da |
| se faner (vp) | 시들다 | si-deul-da |
| odeur (f) | 향기 | hyang-gi |
| couper (vt) | 자르다 | ja-reu-da |
| cueillir (fleurs) | 따다 | tta-da |

## 191. Les céréales

| | | |
|---|---|---|
| grains (m pl) | 곡물 | gong-mul |
| céréales (f pl) (plantes) | 곡류 | gong-nyu |
| épi (m) | 이삭 | i-sak |
| | | |
| blé (m) | 밀 | mil |
| seigle (m) | 호밀 | ho-mil |
| avoine (f) | 귀리 | gwi-ri |
| millet (m) | 수수, 기장 | su-su, gi-jang |
| orge (f) | 보리 | bo-ri |
| | | |
| maïs (m) | 옥수수 | ok-su-su |
| riz (m) | 쌀 | ssal |
| sarrasin (m) | 메밀 | me-mil |
| | | |
| pois (m) | 완두 | wan-du |
| haricot (m) | 강낭콩 | gang-nang-kong |
| soja (m) | 콩 | kong |
| lentille (f) | 렌즈콩 | ren-jeu-kong |
| fèves (f pl) | 콩 | kong |

# LA GÉOGRAPHIE RÉGIONALE

## Les pays du monde. Les nationalités

### 192. La politique. Le gouvernement. Partie 1

| | | |
|---|---|---|
| politique (f) | 정치 | jeong-chi |
| politique (adj) | 정치의 | jeong-chi-ui |
| homme (m) politique | 정치가 | jeong-chi-ga |
| état (m) | 국가 | guk-ga |
| citoyen (m) | 시민 | si-min |
| citoyenneté (f) | 시민권 | si-min-gwon |
| armoiries (f pl) nationales | 국장 | guk-jang |
| hymne (m) national | 국가 | guk-ga |
| gouvernement (m) | 정부 | jeong-bu |
| chef (m) d'état | 국가 수장 | guk-ga su-jang |
| parlement (m) | 의회 | ui-hoe |
| parti (m) | 정당 | jeong-dang |
| capitalisme (m) | 자본주의 | ja-bon-ju-ui |
| capitaliste (adj) | 자본주의의 | ja-bon-ju-ui-ui |
| socialisme (m) | 사회주의 | sa-hoe-ju-ui |
| socialiste (adj) | 사회주의의 | sa-hoe-ju-ui-ui |
| communisme (m) | 공산주의 | gong-san-ju-ui |
| communiste (adj) | 공산주의의 | gong-san-ju-ui-ui |
| communiste (m) | 공산주의자 | gong-san-ju-ui-ja |
| démocratie (f) | 민주주의 | min-ju-ju-ui |
| démocrate (m) | 민주주의자 | min-ju-ju-ui-ja |
| démocratique (adj) | 민주주의의 | min-ju-ju-ui-ui |
| parti (m) démocratique | 민주당 | min-ju-dang |
| libéral (m) | 자유주의자 | ja-yu-ju-ui-ja |
| libéral (adj) | 자유주의의 | ja-yu-ju-ui-ui |
| conservateur (m) | 보수주의자 | bo-su-ju-ui-ja |
| conservateur (adj) | 보수적인 | bo-su-jeo-gin |
| république (f) | 공화국 | gong-hwa-guk |
| républicain (m) | 공화당원 | gong-hwa-dang-won |
| parti (m) républicain | 공화당 | gong-hwa-dang |
| élections (f pl) | 선거 | seon-geo |
| élire (vt) | 선거하다 | seon-geo-ha-da |
| électeur (m) | 유권자 | yu-gwon-ja |

| campagne (f) électorale | 선거 운동 | seon-geo un-dong |
| vote (m) | 선거 | seon-geo |
| voter (vi) | 투표하다 | tu-pyo-ha-da |
| droit (m) de vote | 투표권 | tu-pyo-gwon |

| candidat (m) | 후보자 | hu-bo-ja |
| poser sa candidature | 입후보하다 | i-pu-bo-ha-da |
| campagne (f) | 캠페인 | kaem-pe-in |

| d'opposition (adj) | 반대의 | ban-dae-ui |
| opposition (f) | 반대 | ban-dae |

| visite (f) | 방문 | bang-mun |
| visite (f) officielle | 공식 방문 | gong-sik bang-mun |
| international (adj) | 국제적인 | guk-je-jeo-gin |

| négociations (f pl) | 협상 | hyeop-sang |
| négocier (vi) | 협상하다 | hyeop-sang-ha-da |

## 193. La politique. Le gouvernement. Partie 2

| société (f) | 사회 | sa-hoe |
| constitution (f) | 헌법 | heon-beop |
| pouvoir (m) | 권력 | gwol-lyeok |
| corruption (f) | 부패 | bu-pae |

| loi (f) | 법률 | beom-nyul |
| légal (adj) | 합법적인 | hap-beop-jeo-gin |

| justice (f) | 정의 | jeong-ui |
| juste (adj) | 공정한 | gong-jeong-han |

| comité (m) | 위원회 | wi-won-hoe |
| projet (m) de loi | 법안 | beo-ban |
| budget (m) | 예산 | ye-san |
| politique (f) | 정책 | jeong-chaek |
| réforme (f) | 개혁 | gae-hyeok |
| radical (adj) | 급진적인 | geup-jin-jeo-gin |

| puissance (f) | 힘 | him |
| puissant (adj) | 강력한 | gang-nyeo-kan |
| partisan (m) | 지지자 | ji-ji-ja |
| influence (f) | 영향 | yeong-hyang |

| régime (m) | 정권 | jeong-gwon |
| conflit (m) | 갈등 | gal-deung |
| complot (m) | 음모 | eum-mo |
| provocation (f) | 도발 | do-bal |

| renverser (le régime) | 타도하다 | ta-do-ha-da |
| renversement (m) | 전복 | jeon-bok |
| révolution (f) | 혁명 | hyeong-myeong |
| coup (m) d'État | 쿠데타 | ku-de-ta |
| coup (m) d'État militaire | 군사 쿠데타 | gun-sa ku-de-ta |

| crise (f) | 위기 | wi-gi |
|---|---|---|
| baisse (f) économique | 경기침체 | gyeong-gi-chim-che |
| manifestant (m) | 시위자 | si-wi-ja |
| manifestation (f) | 데모 | de-mo |
| loi (f) martiale | 계엄령 | gye-eom-nyeong |
| base (f) militaire | 군사 거점 | gun-sa geo-jeom |
| stabilité (f) | 안정 | an-jeong |
| stable (adj) | 안정된 | an-jeong-doen |
| exploitation (f) | 착취 | chak-chwi |
| exploiter (vt) | 착취하다 | chak-chwi-ha-da |
| racisme (m) | 인종차별주의 | in-jong-cha-byeol-ju-ui |
| raciste (m) | 인종차별주의자 | in-jong-cha-byeol-ju-ui-ja |
| fascisme (m) | 파시즘 | pa-si-jeum |
| fasciste (m) | 파시스트 | pa-si-seu-teu |

## 194. Les différents pays du monde. Divers

| étranger (m) | 외국인 | oe-gu-gin |
|---|---|---|
| étranger (adj) | 외국의 | oe-gu-gui |
| à l'étranger (adv) | 해외로 | hae-oe-ro |
| émigré (m) | 이민자 | i-min-ja |
| émigration (f) | 이민 | i-min |
| émigrer (vi) | 이주하다 | i-ju-ha-da |
| Ouest (m) | 서양 | seo-yang |
| Est (m) | 동양 | dong-yang |
| Extrême Orient (m) | 극동 | geuk-dong |
| civilisation (f) | 문명 | mun-myeong |
| humanité (f) | 인류 | il-lyu |
| monde (m) | 세계 | se-gye |
| paix (f) | 평화 | pyeong-hwa |
| mondial (adj) | 세계의 | se-gye-ui |
| patrie (f) | 고향 | go-hyang |
| peuple (m) | 국민 | gung-min |
| population (f) | 인구 | in-gu |
| gens (m pl) | 사람들 | sa-ram-deul |
| nation (f) | 국가 | guk-ga |
| génération (f) | 세대 | se-dae |
| territoire (m) | 영토 | yeong-to |
| région (f) | 지방, 지역 | ji-bang, ji-yeok |
| état (m) (partie du pays) | 주 | ju |
| tradition (f) | 전통 | jeon-tong |
| coutume (f) | 풍습 | pung-seup |
| écologie (f) | 생태학 | saeng-tae-hak |
| indien (m) | 인디언 | in-di-eon |
| bohémien (m) | 집시 | jip-si |

| | | |
|---|---|---|
| bohémienne (f) | 집시 | jip-si |
| bohémien (adj) | 집시의 | jip-si-ui |
| empire (m) | 제국 | je-guk |
| colonie (f) | 식민지 | sing-min-ji |
| esclavage (m) | 노예제도 | no-ye-je-do |
| invasion (f) | 침략 | chim-nyak |
| famine (f) | 기근 | gi-geun |

## 195. Les groupes religieux. Les confessions

| | | |
|---|---|---|
| religion (f) | 종교 | jong-gyo |
| religieux (adj) | 종교의 | jong-gyo-ui |
| foi (f) | 믿음 | mi-deum |
| croire (en Dieu) | 믿다 | mit-da |
| croyant (m) | 신자 | sin-ja |
| athéisme (m) | 무신론 | mu-sin-non |
| athée (m) | 무신론자 | mu-sin-non-ja |
| christianisme (m) | 기독교 | gi-dok-gyo |
| chrétien (m) | 기독교도 | gi-dok-gyo-do |
| chrétien (adj) | 기독교의 | gi-dok-gyo-ui |
| catholicisme (m) | 가톨릭 | ga-tol-lik |
| catholique (m) | 가톨릭 신자 | ga-tol-lik sin-ja |
| catholique (adj) | 가톨릭의 | ga-tol-li-gui |
| protestantisme (m) | 개신교 | gae-sin-gyo |
| Église (f) protestante | 개신교 교회 | gae-sin-gyo gyo-hoe |
| protestant (m) | 개신교도 | gae-sin-gyo-do |
| Orthodoxie (f) | 동방정교 | dong-bang-jeong-gyo |
| Église (f) orthodoxe | 동방정교회 | dong-bang-jeong-gyo-hoe |
| orthodoxe (m) | 동방정교 신자 | dong-bang-jeong-gyo sin-ja |
| Presbytérianisme (m) | 장로교 | jang-no-gyo |
| Église (f) presbytérienne | 장로교회 | jang-no-gyo-hoe |
| presbytérien (m) | 장로교 교인 | jang-no-gyo gyo-in |
| Église (f) luthérienne | 루터교회 | ru-teo-gyo-hoe |
| luthérien (m) | 루터 교회 신자 | ru-teo gyo-hoe sin-ja |
| Baptisme (m) | 침례교 | chim-nye-gyo |
| baptiste (m) | 침례교도 | chim-nye-gyo-do |
| Église (f) anglicane | 성공회 | seong-gong-hoe |
| anglican (m) | 성공회 신자 | seong-gong-hoe sin-ja |
| Mormonisme (m) | 모르몬교 | mo-reu-mon-gyo |
| mormon (m) | 모르몬 교도 | mo-reu-mon gyo-do |
| judaïsme (m) | 유대교 | yu-dae-gyo |
| juif (m) | 유대인 | yu-dae-in |

| | | |
|---|---|---|
| Bouddhisme (m) | 불교 | bul-gyo |
| bouddhiste (m) | 불교도 | bul-gyo-do |
| | | |
| hindouisme (m) | 힌두교 | hin-du-gyo |
| hindouiste (m) | 힌두교도 | hin-du-gyo-do |
| | | |
| islam (m) | 이슬람교 | i-seul-lam-gyo |
| musulman (m) | 이슬람교도 | i-seul-lam-gyo-ui |
| musulman (adj) | 이슬람의 | i-seul-la-mui |
| | | |
| Chiisme (m) | 시아파 이슬람 | si-a-pa i-seul-lam |
| chiite (m) | 시아파 신도 | si-a-pa sin-do |
| Sunnisme (m) | 수니파 이슬람 | su-ni-pa i-seul-lam |
| sunnite (m) | 수니파 신도 | su-ni-pa sin-do |

## 196. Les principales religions. Le clergé

| | | |
|---|---|---|
| prêtre (m) | 사제 | sa-je |
| Pape (m) | 교황 | gyo-hwang |
| | | |
| moine (m) | 수도사 | su-do-sa |
| bonne sœur (f) | 수녀 | su-nyeo |
| | | |
| abbé (m) | 수도원장 | su-do-won-jang |
| vicaire (m) | 교구 목사 | gyo-gu mok-sa |
| évêque (m) | 주교 | ju-gyo |
| cardinal (m) | 추기경 | chu-gi-gyeong |
| | | |
| prédicateur (m) | 전도사 | jeon-do-sa |
| sermon (m) | 설교 | seol-gyo |
| paroissiens (m pl) | 교구민 | gyo-gu-min |
| | | |
| croyant (m) | 신자 | sin-ja |
| athée (m) | 무신론자 | mu-sin-non-ja |

## 197. La foi. Le Christianisme. L'Islam

| | | |
|---|---|---|
| Adam | 아담 | a-dam |
| Ève | 이브 | i-beu |
| | | |
| Dieu (m) | 신 | sin |
| le Seigneur | 하나님 | ha-na-nim |
| le Tout-Puissant | 전능의 신 | jeon-neung-ui sin |
| | | |
| péché (m) | 죄 | joe |
| pécher (vi) | 죄를 범하다 | joe-reul beom-ha-da |
| pécheur (m) | 죄인 | joe-in |
| pécheresse (f) | 죄인 | joe-in |
| | | |
| enfer (m) | 지옥 | ji-ok |
| paradis (m) | 천국 | cheon-guk |
| Jésus | 예수 | ye-su |

| | | |
|---|---|---|
| Jésus Christ | 예수 그리스도 | ye-su geu-ri-seu-do |
| le Saint-Esprit | 성령 | seong-nyeong |
| le Sauveur | 구세주 | gu-se-ju |
| la Sainte Vierge | 성모 마리아 | seong-mo ma-ri-a |
| | | |
| le Diable | 악마 | ang-ma |
| diabolique (adj) | 악마의 | ang-ma-ui |
| Satan | 사탄 | sa-tan |
| satanique (adj) | 사탄의 | sa-tan-ui |
| | | |
| ange (m) | 천사 | cheon-sa |
| ange (m) gardien | 수호천사 | su-ho-cheon-sa |
| angélique (adj) | 천사의 | cheon-sa-ui |
| | | |
| apôtre (m) | 사도 | sa-do |
| archange (m) | 대천사 | dae-cheon-sa |
| antéchrist (m) | 적그리스도 | jeok-geu-ri-seu-do |
| | | |
| Église (f) | 교회 | gyo-hoe |
| Bible (f) | 성경 | seong-gyeong |
| biblique (adj) | 성경의 | seong-gyeong-ui |
| | | |
| Ancien Testament (m) | 구약성서 | gu-yak-seong-seo |
| Nouveau Testament (m) | 신약성서 | si-nyak-seong-seo |
| Évangile (m) | 복음 | bo-geum |
| Sainte Écriture (f) | 성서 | seong-seo |
| Cieux (m pl) | 하늘나라 | ha-neul-la-ra |
| | | |
| commandement (m) | 율법 | yul-beop |
| prophète (m) | 예언자 | ye-eon-ja |
| prophétie (f) | 예언 | ye-eon |
| | | |
| Allah | 알라 | al-la |
| Mahomet | 마호메트 | ma-ho-me-teu |
| le Coran | 코란 | ko-ran |
| | | |
| mosquée (f) | 모스크 | mo-seu-keu |
| mulla (m) | 물라 | mul-la |
| prière (f) | 기도 | gi-do |
| prier (~ Dieu) | 기도하다 | gi-do-ha-da |
| | | |
| pèlerinage (m) | 순례 여행 | sul-lye yeo-haeng |
| pèlerin (m) | 순례자 | sul-lye-ja |
| La Mecque | 메카 | me-ka |
| | | |
| église (f) | 교회 | gyo-hoe |
| temple (m) | 사원, 신전 | sa-won, sin-jeon |
| cathédrale (f) | 대성당 | dae-seong-dang |
| gothique (adj) | 고딕 양식의 | go-dik gyang-si-gui |
| synagogue (f) | 유대교 회당 | yu-dae-gyo hoe-dang |
| mosquée (f) | 모스크 | mo-seu-keu |
| | | |
| chapelle (f) | 채플 | chae-peul |
| abbaye (f) | 수도원 | su-do-won |
| couvent (m) | 수녀원 | su-nyeo-won |
| monastère (m) | 수도원 | su-do-won |

| | | |
|---|---|---|
| cloche (f) | 종 | jong |
| clocher (m) | 종루 | jong-nu |
| sonner (vi) | 울리다 | ul-li-da |
| | | |
| croix (f) | 십자가 | sip-ja-ga |
| coupole (f) | 둥근 지붕 | dung-geun ji-bung |
| icône (f) | 성상 | seong-sang |
| | | |
| âme (f) | 영혼 | yeong-hon |
| sort (m) (destin) | 운명 | un-myeong |
| mal (m) | 악 | ak |
| bien (m) | 선 | seon |
| | | |
| vampire (m) | 흡혈귀 | heu-pyeol-gwi |
| sorcière (f) | 마녀 | ma-nyeo |
| démon (m) | 악령 | ang-nyeong |
| esprit (m) | 정신, 영혼 | jeong-sin, yeong-hon |
| | | |
| rachat (m) | 구원 | gu-won |
| racheter (pécheur) | 상환하다 | sang-hwan-ha-da |
| | | |
| office (m), messe (f) | 예배, 미사 | ye-bae, mi-sa |
| dire la messe | 미사를 올리다 | mi-sa-reul rol-li-da |
| confession (f) | 고해 | go-hae |
| se confesser (vp) | 고해하다 | go-hae-ha-da |
| | | |
| saint (m) | 성인 | seong-in |
| sacré (adj) | 신성한 | sin-seong-han |
| l'eau bénite | 성수 | seong-su |
| | | |
| rite (m) | 의식 | ui-sik |
| rituel (adj) | 의식의 | ui-si-gui |
| sacrifice (m) | 제물 | je-mul |
| | | |
| superstition (f) | 미신 | mi-sin |
| superstitieux (adj) | 미신의 | mi-sin-ui |
| vie (f) après la mort | 내세 | nae-se |
| vie (f) éternelle | 영생 | yeong-saeng |

# DIVERS

## 198. Quelques mots et formules utiles

| | | |
|---|---|---|
| aide (f) | 도움 | do-um |
| arrêt (m) (pause) | 정지 | jeong-ji |
| balance (f) | 균형 | gyun-hyeong |
| barrière (f) | 장벽 | jang-byeok |
| base (f) | 근거 | geun-geo |
| | | |
| catégorie (f) | 범주 | beom-ju |
| cause (f) | 이유 | i-yu |
| choix (m) | 선택 | seon-taek |
| chose (f) (objet) | 물건 | mul-geon |
| coïncidence (f) | 우연 | u-yeon |
| | | |
| comparaison (f) | 비교 | bi-gyo |
| compensation (f) | 배상 | bae-sang |
| confortable (adj) | 편안한 | pyeon-an-han |
| croissance (f) | 성장 | seong-jang |
| début (m) | 시작 | si-jak |
| | | |
| degré (m) (~ de liberté) | 정도 | jeong-do |
| développement (m) | 개발 | gae-bal |
| différence (f) | 다름 | da-reum |
| d'urgence (adv) | 급히 | geu-pi |
| effet (m) | 효과 | hyo-gwa |
| | | |
| effort (m) | 노력 | no-ryeok |
| élément (m) | 요소 | yo-so |
| exemple (m) | 예 | ye |
| fait (m) | 사실 | sa-sil |
| faute, erreur (f) | 실수 | sil-su |
| | | |
| fin (f) | 끝 | kkeut |
| fond (m) (arrière-plan) | 배경 | bae-gyeong |
| forme (f) | 모양 | mo-yang |
| fréquent (adj) | 빈번한 | bin-beon-han |
| | | |
| genre (m) (type, sorte) | 형태, 종류 | hyeong-tae, jong-nyu |
| idéal (m) | 이상 | i-sang |
| labyrinthe (m) | 미궁 | mi-gung |
| mode (m) (méthode) | 방법 | bang-beop |
| moment (m) | 순간 | sun-gan |
| | | |
| objet (m) | 대상 | dae-sang |
| obstacle (m) | 장애 | jang-ae |
| original (m) | 원본 | won-bon |
| part (f) | 부분 | bu-bun |
| particule (f) | 입자 | ip-ja |

| pause (f) | 휴식 | hyu-sik |
| position (f) | 위치 | wi-chi |
| principe (m) | 원칙 | won-chik |
| problème (m) | 문제 | mun-je |
| processus (m) | 과정 | gwa-jeong |
| progrès (m) | 진척 | jin-cheok |
| propriété (f) (qualité) | 특질 | teuk-jil |
| réaction (f) | 반응 | ba-neung |
| risque (m) | 위험 | wi-heom |
| secret (m) | 비밀 | bi-mil |
| série (f) | 일련 | il-lyeon |
| situation (f) | 상황 | sang-hwang |
| solution (f) | 해결 | hae-gyeol |
| standard (adj) | 기준의 | gi-jun-ui |
| standard (m) | 기준 | gi-jun |
| style (m) | 스타일 | seu-ta-il |
| système (m) | 체계 | che-gye |
| tableau (m) (grille) | 표 | pyo |
| tempo (m) | 완급 | wan-geup |
| terme (m) | 용어 | yong-eo |
| tour (m) (attends ton ~) | 차례 | cha-rye |
| type (m) (~ de sport) | 종류 | jong-nyu |
| urgent (adj) | 긴급한 | gin-geu-pan |
| utilité (f) | 유용성 | yu-yong-seong |
| vérité (f) | 진리 | jil-li |
| version (f) | 변종 | byeon-jong |
| zone (f) | 지대 | ji-dae |